新时代浙商管理经验丛书

新时代浙商转型和营销升级经验

董进才 主编

陈颖 沈渊 副主编

经济管理出版社
ECONOMY & MANAGEMENT PUBLISHING HOUSE

图书在版编目（CIP）数据

新时代浙商转型和营销升级经验 / 董进才主编 . —北京：经济管理出版社，2021.2
ISBN 978-7-5096-7757-5

Ⅰ. ①新… Ⅱ. ①董… Ⅲ. ①企业管理—市场营销学—研究—浙江 Ⅳ. ①F279.275.5

中国版本图书馆 CIP 数据核字（2021）第 030802 号

组稿编辑：张莉琼
责任编辑：张莉琼
责任印制：黄章平
责任校对：董杉册

出版发行：经济管理出版社
　　　　　（北京市海淀区北蜂窝 8 号中雅大厦 A 座 11 层　100038）
网　　址：www. E-mp. com. cn
电　　话：（010）51915602
印　　刷：唐山昊达印刷有限公司
经　　销：新华书店
开　　本：720mm×1000mm/16
印　　张：13.5
字　　数：235 千字
版　　次：2021 年 2 月第 1 版　　2021 年 2 月第 1 次印刷
书　　号：ISBN 978-7-5096-7757-5
定　　价：78.00 元

总　序

　　浙商是中国当代四大商帮之首。千余年来浙商风云际会，人才辈出，在浙江乃至世界各地书写了波澜壮阔的商业历史。从唐朝资本主义萌芽，到明清时期民族工商业的脊梁，浙商用敢闯敢拼的进取精神和踏实肯干的务实作风，用商业实践写就了中国民族资本主义发展的篇章。历史上，大量浙商曾在民族经济和民族企业发展过程中留下了浓墨重彩的一笔，如明初天下首富沈万三，清末红顶商人胡雪岩、五金大亨叶澄衷等。自改革开放以来，大批浙商纷纷登上时代的舞台，秉持"历经千辛万苦、说尽千言万语、走遍千山万水、想尽千方百计"的"四千精神"，在改革开放中取得了举世瞩目的伟大成就，一大批知名企业家如鲁冠球、马云、李书福、杨元庆、宗庆后等走在了中国改革开放的最前沿，成为改革开放的商业领袖，引领浙商企业在商业实践中砥砺前行，取得了空前伟业。

　　随着中国民营经济的蓬勃发展，浙商企业已成为中国民营企业发展的一面响亮旗号，威名响彻大江南北。"浙商"企业早已不是当初民营经济的"试水者"，而是助推中国经济腾飞的"弄潮儿"。"冰冻三尺非一日之寒"，浙商企业的成功既有其历史偶然性，更有其历史必然性。浙商企业的蓬勃发展是中国改革开放的一个缩影，通过"千方百计提升品牌、千方百计保持市场、千方百计自主创新、千方百计改善管理"的"新四千精神"，浙商企业在激烈的市场竞争中占据重要地位，浙商企业的管理实践经验对中国本土企业的发展有着深刻的启迪和引领作用。这其中蕴含的丰富管理理论和实践经验需要深入挖掘。

　　当前中国特色社会主义进入了新时代，这是我国发展新的历史方位。新时代下互联网经济和数字经济引领发展，以阿里巴巴为代表的移动支付等数字交易平台发展全国领先，新经济催生了新的管理理念和管理模式，新时代催生浙商新使命、新征程、新作为和新高度。对新时代浙商企业管理经验的全方位解读，并产出科研和教学成果，是产学、产教融合的有效途径，也是对浙商群体乃至其他商业群体发展的指路明灯。

2019 年恰逢中华人民共和国成立 70 周年，浙江财经大学成立 45 周年，浙江财经大学工商管理学院成立 20 周年。浙江财经大学工商管理学院在全院师生的不懈努力下，在人才培养、科学研究和社会服务方面做出了理想的成绩。新时代工商管理学院也对商科教育不断开拓创新，坚持"理论源于实践，理论结合实践，理论指导实践"思想重新认知和梳理新商科理念。值此举国欢庆之际，浙江财经大学工商管理学院聚全院之智，对新时代浙商管理经验进行总结编纂，围绕新时代浙商管理经验展开剖析，对新时代浙商企业的实践管理经验进行精耕细作的探讨。深入挖掘浙商企业成功的内在原因，进一步探讨新时代浙商企业面临的机遇和挑战。我们期望，这一工作将对传承浙商改革创新和拼搏进取的精神，引领企业发展和助推中国和浙江的经济高质量发展起到重要作用。

本系列丛书研究主题涵盖新时代浙商企业管理的各个方面，具体包括："新时代浙商企业技术创新和管理创新经验""新时代浙商文化科技融合经验""新时代浙商互联网+营销管理经验""新时代浙商跨国并购管理经验""新时代浙商绿色管理经验""新时代浙商企业社会责任管理经验""新时代浙商国际化经营管理经验""新时代浙商互联网+制造管理经验""新时代浙商知识管理经验""新时代浙商商业模式创新经验""新时代浙商战略管理经验""新时代浙商营销管理经验""新时代浙商转型和管理升级经验""新时代浙商转型和营销升级经验"等。本丛书通过一个个典型浙商管理案例和经验的深度剖析，力求从多个维度或不同视角全方位地阐述浙商企业在改革开放中所取得的伟大成就，探讨全面深化改革和浙商管理创新等的内涵及其关系，进一步传承浙商的人文和商业精神，同时形成浙商管理经验的系统理论体系。

本系列丛书是浙江财经大学工商管理学院学者多年来对浙商企业管理实践的学术研究成果的结晶。希望本系列丛书的出版为中国特色管理理论发展增添更多现实基础，给广大浙商以激荡于心的豪情、磅礴于怀的信心、砥砺前行的勇气在新时代去创造更多的商业奇迹，续写浙商传奇的辉煌。相信本系列丛书的出版也在一定程度上会对新时代其他企业发展提供必要的智力支持，从多个角度助推中国民营经济的发展。

浙江财经大学党委委员　组织部、统战部部长

董进才教授

PREFACE
前　言

　　浙江省大学生经济管理案例竞赛由浙江省教育厅、浙江省经济和信息委员会主办，以实践调研为基础，采用自主选题方式，参赛队选择某一经济管理领域的研究对象（企业、行业、区域），通过对研究对象进行深度调研，运用相关经济管理理论，深入分析研究对象的成功经验或失败教训，撰写成参赛案例。该竞赛不仅能够有效增强大学生的实践创新能力和团结协作精神，发掘、提炼、传播当前经济转型升级和管理创新实践中的特色亮点，从而提高学生解决实际问题的能力；同时，有利于促进经济管理类专业建设，提升案例研究与教学水平。

　　本系列丛书收录了浙江财经大学工商管理学院师生在 2016～2019 年浙江省大学生经济管理案例大赛的获奖案例。丛书研究主题分两个方向：转型与管理升级、转型与营销升级。这些案例有以下共同点：一是原创浙商实战案例，即浙江财经大学参赛学生在工商管理学院教师的专业指导下，深入企业调研，运用经济管理理论与方法分析浙商成功与失败经验；二是从不同视角诠释了浙商企业不断进取的创新精神，记录了浙商企业完整的发展历程，为推广先进适用的管理理念、方法和模式提供案例借鉴。本系列丛书是工商管理学院师生三年来对浙江省大学生经济管理案例竞赛的成绩汇报，也是产教深度融合的育人成果的结晶。

　　本书共收集了 12 个具有特色的浙商营销创新案例，并系统总结了这些企业的转型和营销升级经验和启示。主要有以下几块：

　　第一篇　嘘！听数据怎么说：基于金融大数据分析技术的电商金融生态圈构建

　　第二篇　根于品质，源于自然：守农公司"三元"共生模式

　　第三篇　五芳斋与迪士尼跨界联合：老字号品牌活化新路径的探究

本书中涉及的企业涵盖较为传统的公路工程建设和养护、汽车、食品、服饰等制造企业，以及较为新型的现代农业、长租公寓、智能家居、跨境电商、互联网金融、互联网医院等。各行各业的案例从不同的切入角度，聚焦营销升级组成了一个较为丰富的案例库。从这些丰富的案例中，可以看出这些企业均是结合自身发展的特点采取战略创新、企业文化创新、技术创新、转型升级、营销策略创新、服务创新等发展策略。为方便大家阅读和参考，本书在每篇案例经验分析的基础上，概括总结出新时代浙商转型和营销升级六大经验与启示。具体而言如下：

（1）做好企业文化顶层设计，树立转型升级战略理念。

（2）关注消费升级市场变化，切入市场细分渠道赋能。

（3）注重科技创新研发投入，提升高效的市场竞争力。

（4）提升产品价值服务体验，节约资源拓展价值来源。

（5）坚持品牌互补联合共赢，构建全面开放合作模式。

（6）通过商业模式普惠创新，实现社会效益长远发展。

本书是集体智慧的结晶。第一篇"嘘！听数据怎么说：基于金融大数据分析技术的电商金融生态圈构建"获第三届浙江省大学生经济管理案例大赛一等奖，参与的学生有郑捷（2015 级中美市营）、何诗楠（2015 级中美市营）、颜楚桐（2015 级 ACCA）、李翎（2015 级金融）、徐宁遥（2015 级统计经济），指导老师为黄卫华。第二篇"根于品质，源于自然：守农公司'三元'共生模式"获第三届浙江省大学生经济管理案例大赛二等奖，参与的学生有赵小涵（2015 级工商）、邵雨亭（2015 级工商）、吕珂玥（2015 级工商）、陶臻（2015 级会计）、王书杰（2015 级金融），指导老师为沈渊、董进才。第三篇"五芳斋与迪士尼跨界联合：老字号品牌活化新路径的探究"获第三届浙江省大学生经济管理案例大赛二等奖，参与的学生有黄菲菲（2014 级工商）、许欣祎（2014 级工商）、毛傲霜（2014 级工商）、郑椋允（2014 级工商）、余振雄（2014 级工商），指导老师为赵昶。第四篇"数字时代众泰汽车体验营销"获第三届浙江省大学生经济管理案例大赛三等奖，参与的学生有宋茗君（2015 级会计）、戴海琼（2015 级会计）、刘筱荷（2014 级中美市营）、汪楚楚（2015 级会计）、姜淮（2015 级中加会计），指导老师为陈颖。第五篇"云端上的价值蜕变：畲森山的华丽转型和商业模式创新"获第四届浙江省大学生经济管理案例大赛一等奖，参与的学生有叶禾子（2017 级中美市营）、徐诗丹（2016 级审计）、朱宸霄（2016 级税收）、丁梦娇（2016 级审计）、吴越（2015 级中美市营），指导老师为王建明、陈颖。第六篇"东方鞋履化蛹成蝶蜕变记：基于 RCSP 范式的传统企业转型路径"获第四届浙江省大学生经济管理案例大赛一等奖，参与的学生有冯慧（2016 级工商）、王雅南（2016 级工商）、姜悦（2016 级工商）、黄克勤（2016 级工商）、陈淑敏（2016 级会计），指导老师为洪雁。第七篇"新型社交跨境美食平台：'环球捕手'的生态圈构建研究"获第四届浙江省大学生经济管理案例大赛二等奖，参与的学生有陈鑫（2016 级物流）、余沅东（2016 级物流）、楼雨画（2016 级物流）、毛灿（2017 级物流）、徐梦涛（2016 级工商），指导老师为李晓超、田家欣。第八篇"科技赋能，普惠四方：金融科技助力'铜板街'高速发展"获第五届浙江省大学生经济管理案例大赛一等奖，参与的学生有黄妍霄（2015 级中加会计）、章晓颖（2017 级物流）、钟芝意（2016 级会计）、刘冰彦（2017 级 ACCA）、王沚墨（2017 级 ACCA），指导老师为赵广华、赵江。第九篇"雨洗风磨真自如，夹缝中的逆生长：杭州自如'互联网+长租公寓'发展新模式"获第五届浙江省大学生经济管理案例大赛二等奖，参与的学生有蔡桑璐（2017 级中美市营）、郑哲豪（2017 级中美市营）、喻钦锋（2017 级中美市营）、池舒雨（2017 级中美市营）、朱琳（2017 级中美市营），指导老师为郭军灵。第十篇"'沥'足脚下，筑路未来：磁力法则吸引下的联程绿色管理'5R'模式"获第五届浙江省大学生经济管理案例大赛二等奖，参与的学生有钟旭刚（2017 级中美市营）、金心和（2017 级中美市营）、王汇友（2017 级金工）、陈沐豪（2016 级中美市营）、鲁珂辰（2017 级 ACCA），指导老师为沈渊、陈颖。第十一篇"就医不难，健康有道：解读微医'云+四医联动'新模式"获第五届浙江省大学生经济管理案例大赛二等奖，参与的学生有汪怡宁（2018级金融）、钱珍妮（2016级中美市营）、吴舒悦（2017级工商）、韩宇昂（2018级金融）、程辰（2018级金融），指导老师为陈水芬。第十二篇"量身定制，天衣无缝：推拉理论下的个性化智能家居之路"获第五届浙江省大学生经济管理案例大赛三等奖，参与的学生有徐艳帆（2017级工商）、尉晓艳（2017级工商）、李颖（2017级审计）、何修文（2017级应用统计）、黄丹丽（2018级金融），指导老师为赵昶、高友江。与此同时，胡言佳、叶瀚元、季彦彤、修芷欣参与了校稿，在此一并向他们表示感谢。

本书可以作为相关专业（市场营销、工商管理、电子商务、国际商务等）研究生、本科生、高职生学习"市场营销""管理学""战略管理""技术创新管理""运营和供应链管理""创新创业管理"等相关课程的案例教学参考书、实训实践指导书或课外阅读书目，还可以为从事营销管理相关工作的职场人士（如销售人员、采购人员、外贸人员、管理人员、创业人员等）提供实践操作指导。尽管作者已经做出最大的努力，但由于水平有限，加上编写时间比较仓促，书中难免存在不当或者错漏之处，敬请各位专家、学者、老师和同学批评指正（邮箱：yc@ zufe. edu. cn）。

浙江财经大学工商管理学院

市场营销系主任

陈　颖　副教授

2020 年 6 月于杭州

DIRECTORY
目 录

第一篇

嘘！听数据怎么说：基于金融大数据分析技术的电商金融生态圈构建

 公司简介

　　杭州云算信达数据技术有限公司（以下简称云算信达）是一家专业从事电商企业第三方信用评价与金融服务的企业。公司以大数据平台为技术支撑，以信用评价为业务抓手，以优质金融服务为目标，汇聚了大数据领域、信用评价领域及金融领域的专家团队，联合中国科学院、浙江财经大学、浙江工商大学、杭州长三角大数据研究院开发出国内领先的金融服务平台——"云贷365"。旗下官方平台"云贷365"具有起点高、技术领先、认可度高三大优点，目前已与近10家银行签署战略合作，注册电商企业万余家。云算信达是一家基于大数据的小微金融服务商，它以中小电商为切入口，把传统的小微技术用大数据和互联网进行改造，服务于中小企业电商，为金融机构提供大数据小微信贷服务。

案例梗概

　　本案例以杭州市云算信达数据技术有限公司为研究对象，深度了解基于大数据和"互联网+"时代背景的第三方金融服务公司如何通过模型进行技术分析，以及如何解决电商贷款的难题。通过进行共同价值理论分析，了解电商金融的现状，厘清第三方数据服务平台在电商金融生态圈的定位与价值。在此基础上，凝练电商金融生态圈的概念，并将生态圈形成前后进行对比，突出了第三方数据服务平台的作用，也明确了其未来发展的趋势。

关键词：大数据；"云贷365"平台；电商贷；风险控制模型；传统金融机构

案例全文

一、"云贷365"简介

"云贷365"（www. yundai365.com）是由一群大数据金融专家创立的服务中小电商企业的一个服务平台，由杭州云算信达数据技术有限公司运营。"云贷365"通过数据技术，将商家在第三方平台上的经营数据和信用数据进行资产化评估，并将评估的结果提供给金融机构，由金融机构为电商企业提供贷款服务。目前，与"云贷365"合作的银行包括华夏银行、浦发银行等（见图1-1）。

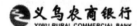

图1-1 云算信达合作银行

图片来源：各银行网站。

平台集中为中小电商卖家服务，同时也服务于供应链上下游厂商及平台类企业。和传统的网贷平台不同，"云贷365"为银行提供贷款客户的资料，通过大数据处理模型来帮助银行评估电商客户的风险，然后将风险评估数据发送给银行，由银行根据数据为小微电商发放贷款。这是集金融、互联网、数据分析等元素于一身的电商贷平台。

二、"云贷365"的金融服务模式

1. 金融痛点刺激"云贷365"诞生

首先，金融机构天然具有海量数据，并纷纷重金投入自身"数据仓储"

的建设中，但是在数据的价值挖掘和应用上痛点依旧很严重，典型的有：由于基础数据没有进行大数据化处理，无法进行数据分析；因数据维度不全，无法进行精准的客户画像；内部数据与外部数据难以打通；等等。因此，很多金融企业虽然拥有海量数据但是无法使用或不知如何使用。

其次，在业务需求以及国家"互联网+"战略的推动下，金融企业纷纷加大电商部门或网络金融部门的投入，对于这样的部门而言客户数据必不可少，随之匹配的人力资源投入、管理成本和运营成本也不断增加。成本和需求的矛盾，成为金融企业的一大痛点。

最后，银行与中小企业存在信息不对称的情况。按照传统的金融机构授信机制，一家电商的授信需要大量的线下尽取调查环节，如何快速地将电商的真实经营情况反映给金融机构，尽快为小微企业争取到信贷，实现信息的快速对称，是金融改革的又一大关键点。

2. 市场需求引起金融服务"新供给"产生

中小企业是我国国民经济发展中的一支重要力量。据有关统计显示，当前中国具有法人资格的中小企业数量有 1000 多万户，占全国企业总数的 99%，贡献了中国 60% 的国内生产总值（GDP）、50% 的税收，创造了 80% 的城镇就业机会。然而，全国工商联调查显示，95% 的中小企业没有与金融机构发生任何借贷关系。这是怎么一回事呢？原来，中小企业常常面临"融资难、融资贵"的困扰，特别是其中的新生力量——电商，它们由于很多既没有厂房，也没有门面，在申请贷款时往往很难通过，资金需求无法满足，创业初期举步维艰；当产生急需资金周转的问题时，由于小额信贷借款额度小、客户群体大，在服务过程中，贷款效率往往会成为一个企业能否转危为安的关键要素。特别是由于中小企业抗风险能力差，在经济不景气局面下，中小企业往往在经济下滑中亏损承受周期短，小微贷风险管控难度大、运营成本高让许多金融服务平台望而却步（见图 1-2）。

2015 年《小微企业融资发展报告》显示，在争取外部融资时寻找资金来源的优先顺序方面，有 66.7% 的小微企业主将向银行贷款排在了第一位。关于在向银行融资时所遇到的问题，"贷款到位时间较长"反映最为集中（45.8%）。59.4% 的小微企业表示，其借款成本在 5%~10%。四成以上的小微企业表示借款成本超过 10%。中小企业对于"融资难、融资贵"的市场痛点正在引起金融服务"新供给"的产生。

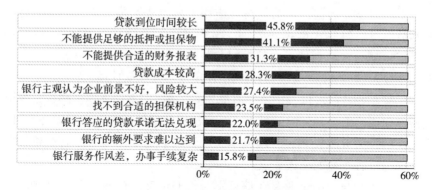

图 1-2 中小企业向银行融资时的常见问题

资料来源：本文研究整理。

3. "云贷 365"应运而生

云算信达认识到中小企业和金融机构之间"融资难、融资贵"的现状，是一直阻碍双方发展的关键问题所在。这一方面是由于中小企业本身存在资本金不足，资产负债率较高的问题；另一方面是由于银行对中小企业贷款趋于"两极分化"，更青睐实力雄厚的大中型企业，对一些有发展潜力的中小企业尚缺乏识别能力。面对上述金融痛点和市场新需求的出现，云算信达积极响应，与浦发银行合作推出"云贷 365"平台助力金融改革。

（1）低门槛——数据质押为电商客户量身定制。"云贷 365"以大数据为基础，以电商经营活动数据为依据，结合电商信用推出的一款免担保、数据质押、信用方式贷款；客户只需在线申请，贷款获批后可实现随借随还，自主用款。与以往普通的小微产品相比，"云贷 365"在业务模式、贷前调查、操作流程等方面有较大创新。在客户获取、贷前调查和担保方式上，浦发银行通过"云贷 365"平台，将客户授信要素从传统的"三表"（资产负债表、损益表、流量表）向"三流"（资金流、货物流、信息流）转变，只要电商客户经营正常、信用记录良好就可申请贷款。因此，"云贷 365"平台无担保、程序少、速度快的特点，非常适合电商创业初期对融资的巨大需求。

（2）高效率——"线上+线下"自动操作随借随还。面对中小企业"贷款到位时间长"的问题，云算信达则是引入几百万家店铺数据，形成了一定的数据规模体系。以往一个客户的贷款审核时间需要好几天，现在最快当天就可以放贷，并且可以同时审核多个客户，完全满足了中小电商的急需资金周转的需求。更重要的是，与普通贷款"线下"模式不同，"云贷 365"实现

"线上+线下"的业务模式，并且后续产品成熟，可以对接系统，实现"全流程在线操作"。在贷款使用上，"云贷365"联合浦发银行为电商客户配置专属"商人卡"，在授信期限内可随借随还，循环使用。

云算信达将自身定位为银行等金融机构的大数据技术服务商，为银行提供基于大数据和互联网的诸如在线资料收集、在线初审、贷后动态监测等金融科技服务。"云贷365"对于银行来说，就等同于内部增加了一个数据化风控部门、科技部门、营销部门相互集成的综合服务平台。银行业务部门可以按自身实际需求选择服务项目，甚至共同开发不同行业的风控体系和客户通道，银行可以轻松地批量拓展新的平台类业务。根据相关银行客户经理反映，"云贷365"通过大数据技术可以节省一个小微商户接近70%的贷款效率。

（3）低成本——核心模型"黄金眼"精准识别。"云贷365"开发了一组涵盖数十个变量的核心模型，被称为"黄金眼"，它能帮助金融机构快速精准地识别那些有潜力的中小电商企业，帮助小微企业获得银行等主流金融机构的贷款服务，提升了金融机构的放贷效率，并为小微企业大幅地降低了融资成本，有效解决了传统银行与电商企业在信用上的信息不对称问题，通过大数据实现金融实体市场和电子商务融合发展。

（4）低风险——云算IDFS实现场景化数据风控。为了能够更好地把控风险变化，搭建数据风控模型，云算信达不断从各个行业采集数据，实现场景化数据风控，从产品设计到贷中跟踪再到贷后管理，环环相扣，大大提高了风控预测能力，完善了传统的信用体系。

特别是"云贷365"提供的基于大数据的云算IDFS数据金融风控技术，已经超越了传统金融机构的评分卡技术，创建了一种全新模式，成为助力银行快速利用好大数据的重要武器（见图1-3）。浦发银行杭州分行小企业金融服务中心沈总经理表示，相比苏宁、京东、阿里小额贷款，数据信息一直是商业银行的短板。通过引入第三方平台，可以有效掌握电商的经营状况、流量情况、访问量等信息。一旦对方生产经营出现变动或数据异常变动，"云贷365"平台将及时向银行发送预警信息，便于银行及时采取相应措施。此举既解决了借贷双方信息不对称问题，也为银行信贷资金安全提供了保障。

4. "云贷365"的服务模式

"云贷365"以数据质押为理念，以第三方平台的身份对电商数据进行跟踪、筛选，对符合条件的客户推送产品信息，申请人通过微信提交贷款申请，等待资质审查。云算信达在线采集数据、在线评估，判断申请贷款企业是否

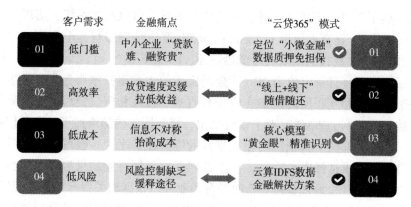

图 1-3 "云贷365"平台运行模式

资料来源：本文研究整理。

具有准入资格。一旦申请通过，云算信达会将小微用户推送给银行，银行的客户经理收到申请后，自助线下开户、办理上门核查手续、签合同等。云算信达在后续也会实时监控企业运营动态状况，将银行风险控制在合理范围内。一旦发现企业运营状况不佳，系统发现突变特征反馈信息，会将预警通知及时推送给银行（见图 1-4）。

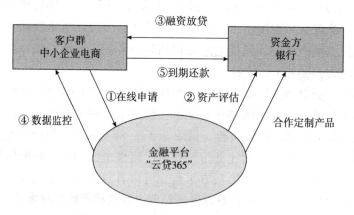

图 1-4 "云贷 365"平台的服务模式

资料来源：本文研究整理。

5. "云贷 365"的运行机制

"云贷 365"金融服务模式的运行离不开一套精密高效的大数据核心技术，即云算 IDFS（数据金融解决方案）。这是集合 SAAS 应用、数据模块、风控模块为一体，运用大数据技术手段实现金融领域的智能化风控和场景产品设计，为各合作机构提供定制化嵌入式风控的金融产品全流程管理的一套金融服务模型。

（1）贷前：在线客户流量导入。云算IDFS通过移动互联网技术，建立大数据采集处理系统，三个子系统交互应用实现客户数据流量导入，提取价值信息；在贷前，平台一方面主动对接电商，在贷款周期上为其"量身定制"，在选择融资品种上"量身定做"；另一方面为金融机构提供小微企业的信用评估报告，运用"云技术"在银行端构建基于电商服务的信用评级模型，实现手机客户端和银行管理端定制开发，推动业务效率大提速（见图1-5）。

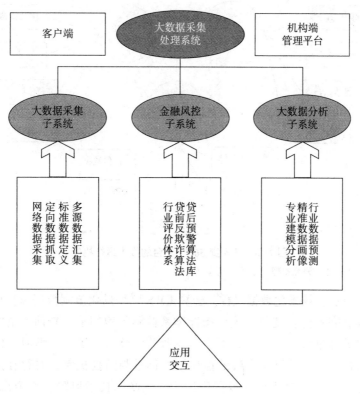

图1-5　"云贷365"平台的贷前运行机制

资料来源：本文研究整理。

（2）贷中：智能多源数据"保驾护航"。基于电商平台全网数据的经验，云算IDFS整合行业场景数据、金融交易数据和反欺诈数据统筹规划信贷业务，实现大规模数据挖掘，流式数据处理，海量数据实时处理；运用微贷技术，采集多源数据包括贷款者个人身份信息、经营情况的经营类数据、流水类数据、互联网数据、工商信息等 200~300 个数据维度，从中总结出小微贷款的模型，个性化定制贷款服务，帮助小微企业快速申请到信贷，开启"多源数据+智慧金融"模式（见图 1-6）。用大数据思维重塑金融业态，致力改善小微企业的融资环境，帮助金融机构提升服务能力以及服务质量，为资金流的畅通、高效、有序"保驾护航"。

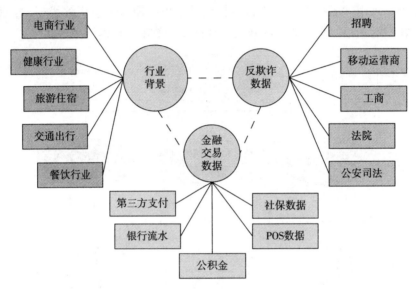

图 1-6　"云贷 365"平台的贷中运行机制

资料来源：本文研究整理。

（3）贷后：场景化数据风控。云算 IDFS 以场景化定制数据风控模型，多种算法动态完善行业变量，预警指标体系监测灵敏精准，贷前、贷中特别是贷后实时处理进行数据画像，通过数据收集、清洁、挖掘、学习一体化监测企业微贷情况，通过建立完善的信用评估体系与防控机制，对存在的信用违约和欺诈风险、消费者权益被侵犯风险、互联网技术风险、资金流动风险、法律风险及政策与监管风险进行控制，最终实现企业内控、政府监管及行业自律的生态发展（见图 1-7）。据统计，截至目前"云贷 365"平台在电商金融等行业不良贷款率的降幅高达 60% 以上，贷款逾期和坏账接近于零，远超过同类企业平均水平，有效地将风险变动止于最早期。

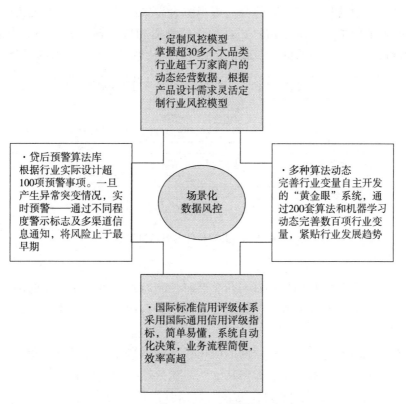

图1-7　"云贷365"平台的贷后运行机制

资料来源：本文研究整理。

三、金融生态圈构建

1. 金融生态圈的理论基础——共同价值

（1）共同价值的概念。大数据背景下共同价值有三个来源：基于货币的价值创造和价值转移、基于信息数据的价值创造和价值转移以及基于核心能力柔性化。虚拟集成是指企业尽可能地降低自己的纵向集成度、最大限度地利用外部资源的一种手段。垂直整合一种提高或降低公司对于其投入和产出分配控制水平的方法，即公司对其生产投入、产品或服务的分配的控制程度。

如图1-8所示，大数据使垂直整合和虚拟整合的共同价值创造和价值转移发生分化，出现了基于信息数据的价值创造和价值转移以及基于货币的价值创造和价值转移，使垂直整合和虚拟整合导致的弊端——核心能力刚性转变为核心能力柔性。基于信息数据的价值创造和价值转移和核心能力柔性，共同促进了基于货币的价值创造和价值转移，从而成为共同价值的三个来源。

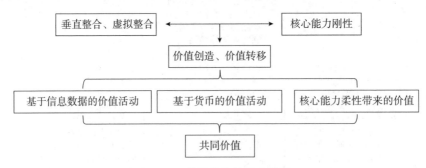

图1-8 共同价值的概念模型

资料来源：本文研究整理。

（2）大数据时代价值创造与价值转移的新特点。近十年，互联网大数据使价值活动发生了巨大改变，为研究电商小贷行业及其金融生态圈，必须运用新的价值理论。

在互联网尤其是移动互联网的应用产生海量数据的背景下，企业决胜于未来的一个关键因素，在于如何从这些海量数据中挖掘出有价值的信息。同样，对于银行贷款业务来说，也有大数据时代特定的表现。在大数据时代，价值转移的载体发生了变化——信息和数据充当不同创造价值的主体之间的价值转移载体。贷款人的条件随社会发展各异，而银行贷款业务仍旧停留于陈旧的抵押贷款，这时不仅贷款人期望能够有低门槛、低利率的贷款手段，并且银行也期望更便捷地从繁多而冗杂的数据中获得有效的相关信息，从巨大的电商市场中获得一席之地。这就为以信息和数据作为重要资源的第三方金融服务平台选择和实施依附于信息和数据的经营战略并获取利润提供了需求基础；同时第三方金融服务平台有海量的信息和数据提供给银行使用，并能够在所需条件下进行筛选，信息和数据的高质量和获取的快捷性为银行大幅度地降低了资金和人力等成本。图1-9揭示了大数据下的价值活动。第三方金融服务平台涉及创造的价值流主要包括：电商群体提供的原始数据所产生的价值流、第三方金融服务平台向银行提供高质量信息数据所产生的价值流、银行向第三方金融服务平台支付的费用、银行在第三方金融服务平台监控下向电商群体发放贷款产品所产生的价值流。

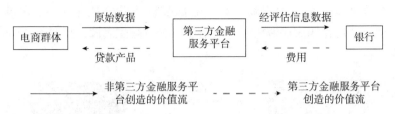

图1-9　大数据下价值创造与价值转移

资料来源：本文研究整理。

2. 金融生态圈的要素构成

第三方金融服务平台是指供金融机构运用货币交易手段融通有价物品，向金融活动参与者和顾客提供共同受益、获得满足的活动的平台。在第三方平台出现之后，电商与银行开始逐渐走向沟通互利的局面。电商与银行之间被资金流、物流以及信息流紧紧联系在一起，在其保障下，第三方平台企业能够有效支持电商以及银行之间的良好合作关系，其资源交流如图1-10所示。

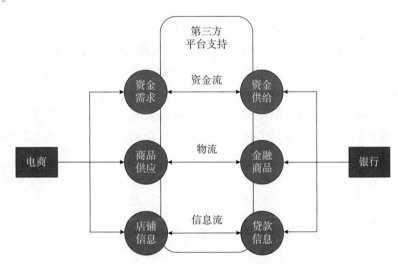

图1-10　电商与银行资源交流

资料来源：本文研究整理。

现有的"互联网+金融"第三方平台致力于通过组织电商平台吸引参与者，生成海量交易信息，交易配套设施的投入及扶持增强网络的外部性和系统参与者的戳性，依托一种可靠的交易评价系统完成资信评价的设立，以合理的奖惩措施维持该系统的权威性和企业信誉，并以信息为核心，通过利益、关系、信息、运作四大协调机制，构造出一个金融生态圈，如图 1-11 所示。

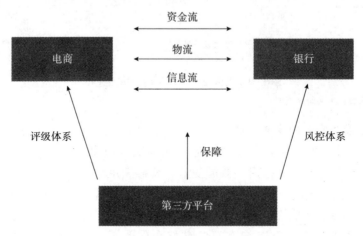

图 1-11　金融生态圈构建

资料来源：本文研究整理。

金融生态圈的优势主要有以下三个方面：①庞大的交易数据库和云计算能力。金融生态圈的合理构建打通了网络上现有的可获取数据资源的途径，相关小微企业指标成为企业贷款的依据。在线贷款流程具有耗时短、成本低的优点，尤其适合利润不高的小微贷款。②标准化动态数据库和先进的搜索技术。金融生态圈的构建使第三方平台能够随时掌握企业资金需求，自动筛选需求强烈、风险小的客户进行定向营销，从而减少信息不对称导致的逆向选择。③丰富的风险控制手段。传统金融机构不能对客户实现全天候、全视角监控，但是第三方平台却能及时捕捉消费者、竞争对手等可能影响贷款偿还的有效信息，即使对于恶意拖欠贷款的行为也能采取冻结保证金、封锁店铺等具有震慑力的手段，及时提供预警报告，对降低坏账率、保障整个金融生态圈的健康发展起到关键性作用。

3. "云贷 365" 金融生态圈

云算信达作为第三方数据服务平台，让传统金融机构与电商不再是过去相互独立的关系。"云贷 365" 平台于 2014 年与华夏银行合作，在达成合作之初，"云贷 365" 方面表示：客观数据通过独立评估可以成为授信的依据，数据作为一个授信依据是一种全新的模式，未来平台要听数据说话。"云贷 365" 平台与华夏银行实现系统级对接后，大大地缩短了整个贷款的审核时间，缩短了客户贷款的等待时间。除了数据同步服务，"云贷365"平台还和华夏银行建立了标准的客服团队，从客户接触"云贷365"开始，双方都有人员定向服务，除了华夏银行的客户经理外，"云贷365"平台方面也将有客服提供指导并跟进整个业务流程。"云贷365"平台通过互联网和大数据改变了原有银行高高在上的局面，让银行因为"互联网+"而变得更加亲民和接地气。

"云贷365"平台的运营符合云算信达的公司理念——做小微电商的成长伙伴，并帮助如华夏银行等金融机构更好地适应"银行3.0"模式，让银行以人为核心地提供不依赖物理设施的虚拟服务，让消费者可以享有一种更加实时、按需、全在线、自助服务和社会化的极致互动体验。

"云贷365"平台之所以能够始终扮演着创新者和引领者的角色，是由于该平台团队不断地创新金融产品，不断地更新更优质的数据分析模型。平台持续对中小电商以及小微企业提供增值服务，赢得了越来越多的小微电商的支持和热爱。

4. "云贷365"风控系统

电商金融行业的核心在于控制风险，提供完备的电商金融服务。云算信达的核心团队由一个具有十多年数据审计与风控经验的专家团队组成，先后创建"泰隆小微指数""义乌小商品指数""全国社保数据综合分析""医疗机构卫生数据分析体系""中关村电子指数"等。云算信达于2014年进入"电商贷"项目，始终保持低于1%的不良控制率，在数据科技服务领域独占鳌头，赢得先机。

云算信达通过大数据推动金融风控技术进一步发展。云算信达通过数据的自动化采集和分析，完成在线初审，判断贷款方是否具有准入资格，并结合线下资料收集，形成了独特的线上、线下结合的大数据风控技术。一旦申请通过，云算信达会将小微用户推送给银行，银行自助线下开户、签合同等。另外，云算信达在后续也会实时监控用户的运营状况，将银行风险控制在合理范围内，一旦用户的运营状况不佳，系统发现突变特征反馈信息，将预警推送给银行。

对于小微企业，云算信达开发的"云贷365"平台有自身独特的表述方式，拥有一套独特的金融风险控制体系，其凭借自身长期积累的数据表述、数据演绎能力，不仅长期协助金融机构完成数据分析及客户评级的工作，更是在社会化数据获取方面有极强的能力，通过对海量数据分析实现客户精准画像。"云贷365"平台对于银行来说，等同于内部增加了一个由数据化风控部门、科技部门、营销部门相互集成的综合服务平台。银行业务部门可以按自身实际需求选择服务项目，甚至共同开发不同行业的风控体系和客户通道，让银行可以轻松地批量拓展新的平台类业务。

基于大数据分析的风险预警机制，让云算信达在与华夏银行的合作中，较为成功地把控了贷前、贷后资金的发放与追回。2016年，华夏银行电商贷成功签约放款总数为833条，在后续的数据监测中，分别发出红色预警150条、橙色预警213条，总计363条，并最终在采用多维指标进行贷后预警分析的协助下，成功防范数达到了347条，将不良贷款率控制在1%以下。通常，当有10%的异常警报发生时，仅能防止损失7%~8%，云算信达公司大大地降低了银行贷款的风险。

云算信达CEO许林伟在谈及十多年的风控审计数据生涯时提道："做数据是个苦差事，需要高度的专注！"公司运营的"云贷365"平台践行"助力普惠金融"的历史使命，积极响应浙江省银保监局倡导的推动银行业支持"大众创业、万众创新"的口号，支持金融机构发展，共同助力千千万万的小微电商企业快速成长。公司秉持"大数据、微金融"的理念，依托大数据分析技术，提供更多的智能金融服务，助力银行智能化，解决小微电商企业融资难题。

资料来源

[1] 廖愉平. 我国互联网金融发展及其风险监管研究——以P2P平台、余额宝、第三方支付为例 [J]. 经济与管理, 2015（29）：51-57.

[2] 晏妮娜, 孙宝文. 面向小微企业的互联网金融模式创新与决策优化 [J]. 科技进步与对策, 2014, 31（7）：74-78.

[3] 彭涛. 大数据时代的小微信贷——兼论银行与电商平台的竞合关系 [J]. 时代金融, 2013（15）：232-233.

[4] 吴晓光. 浅谈我国电子商务领域小额贷款公司的发展与监管 [J]. 海南金融：2011（7）：77-80.

[5] 饶大海. 大数据征信下企业风控模型的现状与发展 [J]. 技术与市场：2016（23）：138-138.

[6] 云贷365官网, http：//www.yundai365.com/.

经验借鉴

本案例以杭州市云算信达数据技术有限公司为对研究对象，深度了解这家基于大数据和"互联网+"时代背景的第三方金融服务公司如何通过建立模型，完成高深的技术分析，并解决电商贷款的难题。本案例通过分析电商金融的现状，厘清第三方数据服务平台在电商金融生态圈的定位以及其价值，提出电商金融生态圈的概念，并将生态圈形成前后进行了对比，突出了第三方数据服务平台的作用，分析了其未来发展的趋势，主要经验：①深研大数据、信用评估、风险控制领域，掌握获取多源数据的智能方法。公司的核心团队由一个具有十多年数据审计与风控经验的专家团队组成，有十分丰富的经验和功底。公司建立了领先的小微风控体系，同时通过深度学习，在模型的动态调优和行业变化方面拥有超前的水平。②以数据质押为经营理念，携手传统商业银行，助推金融改革。云算信达为银行提供包括在线营销、数据风控评级、贷后动态管理等基于大数据技术的智能金融服务和基于 SAAS、PC 端的产品和服务。③大数据分析模型构建较为完美的金融生态圈。公司与华夏银行建立了长期的战略合作关系，在第三方金融数据公司与华夏银行的强强联手下，主要依靠自有资金发放贷款，在一定程度上调整了"电商贷"领域的博弈格局。④场景化定制风控模型，完善风险控制机制。"云贷365"平台包含了为信贷决策制作的几十种场景化定制风控模型，不断地更新、完善指标，不断地拓展业务，不断地增强与政府、银行以及其他金融机构之间的合作，朝着深度战略合作关系迈进，不断地创新金融产品，获得更多中小电商的信赖。

本篇启发思考题

1. "云贷365"助力金融改革有哪些特点？有何借鉴？
2. 对"云贷365"的运行机制优势与劣势进行分析。
3. 简述金融生态圈的理论基础及其构成要素。
4. 简述金融生态圈对中小电商融资的作用。
5. 简述"云贷365"风控系统的特点。

第二篇

根于品质，源于自然：
守农公司"三元"共生模式

 公司简介

　　杭州守农农业科技有限公司（以下简称守农公司）是一家致力于农业（农产品）的服务型技术公司。该公司以农业产品为核心，延伸出农特平台、保鲜技术、智慧农业、品牌规划四大服务业务，以"寻找大自然的真食，守护农品最真的本质"为理念，为消费者提供原产地优质、安全的农业产品，同时让农民享受互联网带来的红利。

　　守农公司秉承"原产地、原品质、源自然"的理念，将原生态产地、高品质产品、源自然情怀相结合，贯穿在农业生产经营之中，通过轻资产的运营方式，与产业价值链各级利益相关者竞争与合作并存、与消费者互惠共生，搭配"代理商+平台"和消费者高端闭合销售模式的运营方式，以基地化、高端化、体验化、供产销一体化等为主要特点，从土地、生产经营、营销、技术研发到消费者终端形成了一套独具特色的"三元"共生模式，打造经济效益、生态效益、社会效益相结合的现代化原生态农业。

案例梗概

　　本案例以杭州守农科技有限公司为研究对象，通过案例深入挖掘，凝练了"原品质、原产地、源自然"三元素为核心的"三元"共生模式，并运用共生理论阐述农特平台、保鲜技术、智慧农业、品牌规划四大业务板块运营模式，分析守农公司的"三元"价值链所带来的效益。通过本案例的研究可以发现，守农公司在资产运作、市场营销、品牌建设上具有前瞻性，其独创的"三元"共生模式符合现代"互联网+农业"企业的发展方向，有效弥补了市场缺口，满足消费者对生态农产品需求，促进现代农业的可持续发展，对农业企业发展具有借鉴意义。

关键词：守农公司；共生理论；轻资产；原生态农业

 案例全文

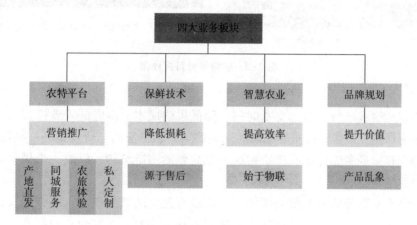

图2-1 守农公司业务板块

资料来源：守农公司。

一、守农公司业务板块

业务一：农特平台

高筛选标准严控上游产品品质：守农公司严选优质农产品基地，以严苛的标准筛选农产品，整合上游优势农产品。严把上游产品品质是推广好产品的第一步，既是生鲜电商行业发展和企业自身发展的双重要求，又是企业对市场和消费者高度负责的体现。目前，守农公司有诸如中国黑龙江·五常大米基地、台州仙居·杨梅基地、北京·平谷蟠桃基地、浙江安吉·冬枣基地等分布在全国12个省份上百个优质农产品合作基地。

供应链战略合作缔结竞争联盟：守农公司通过与供应链上的企业建立合

图 2-2　农特平台首页界面

资料来源：守农公司。

作关系，结成联盟，缩短交货时间，降低采购成本。供应链管理模式以市场需求为导向，以客户需求为中心，从而将客户、供应商、研发中心、制造商、经销商和服务商等合作伙伴联结成一个完整的网链结构，形成一个极具竞争力的战略联盟。

高水平服务助力下游品牌销售：产地直发、同城配送、农旅体验及私人定制，满足中高端客户群体和企业客户群体。守农公司结合自身特点，革新扁平化物流交易集散模式，巧妙地解决了传统的层级批发模式带来的高成本、物流损失、交流信息不畅等问题，弥补传统农业的产业链长、信息不对称的缺陷，极大地提升了守农公司的服务水平。

多策略营销增强平台推广能力：守农公司采用"代理商+平台"销售、闭环营销和体验式营销相结合的方法，三管齐下，确保平台的营销推广力。守农公司在各地设立多个农产品代理商负责该区域内的产品销售，节约销售渠道运作成本和管理成本。同时，建立线上交易平台，不断开发线下平台，扩展销售渠道，还与黑沃农业、青岛湖熙（沃尔玛、鲜丰供应商）、华鲜生、常州渠道、网易严选、果之澜等渠道展开合作，为订单式生产做好准备。VIP闭环营销更是守农公司的独特营销方法。守农公司打造封闭社群，以客户为中心，把品牌传播和渠道营销两大模块循环对接。通过建设生产基地实现体验式营销，企业品牌联播则可有效地提高企业品牌知名度，让体验式营销更深层地了解消费者需求。

如图 2-3 所示，守农公司坚信标准化和品牌化产品是未来农业发展的一个方向。因此，守农公司坚持做有品质、有品牌的农特产品。

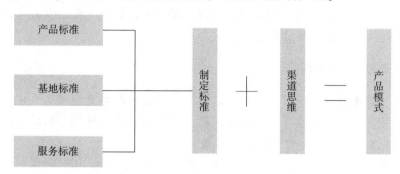

图2-3　农特平台产品模式

资料来源：本文研究整理。

业务二：保鲜技术

生鲜电商的一般损耗率为20%～30%，如何解决快递过程中的保鲜问题是行业发展过程中的难点。因此，守农公司注重保鲜技术的研发，用技术手段解决损耗问题，并拔得行业头筹，为生鲜行业发展保驾护航。

目前，守农公司掌握了绿色保鲜剂、鲜邮小包两项保鲜产品的生产技术，并拥有技术专利。为降低保鲜剂对人体的危害，守农公司研发出可以喝的绿色保鲜剂，同时解决部分产品因氧化而造成的变质问题。针对快递的包装问题，守农公司与中国轻工业自动化研究所合作研发鲜邮小包，以解决一些生鲜类产品对温度的特殊要求。鲜邮小包可以重复利用，具有较高的产品附加值。

业务三：智慧农业

智慧农业是云计算、传感网、3S等多种信息技术在农业中综合、全面的应用，它集成应用计算机与网络技术、物联网技术、音视频技术、3S技术、无线通信技术及专家智慧与知识，实现更完备的信息化基础支撑、更透彻的农业信息感知、更集中的数据资源、更广泛的互联互通、更深入的智能控制、更贴心的公众服务。依托部署在农业生产现场的各种传感节点（环境温湿度、土壤水分、二氧化碳、图像等）和无线通信网络，智慧农业可以实现农业可视化远程诊断、远程控制、灾变预警等智能管理，为农业生产提供精准化种植、可视化管理、智能化决策。

守农公司秉承惠及农业从业者的理念，以技术开发为导向，与浙江科技学院合作，以物联网技术为导向，深耕上游服务，以技术配套基地需求，实现科技化，积极探索智慧农业。

业务四：品牌规划

在品牌规划上，守农公司深信未来个性的农产品品牌会独树一帜，并长期占据领先的市场地位。未来的品牌将会是产品品质的体现，有品质的产品才会得到市场的认可，并能够长期发展下去。

守农公司从自身出发，坚持"源自然"的品牌理念，还开展了宏观咨询业务，由平台进行实际的落地。从单个品牌规划设计到区域公共品牌规划，守农公司成功完成了鹿邑特色农产品、紫娟之父、乌镇人家等项目，快速寻找到优质的产品转换到平台进行销售。

守农公司将"原产地、原品质、源自然"的公司理念渗透在农产品价值制造链的每一个环节，通过保鲜技术与相关利益者展开广泛合作，依托平台和代理商使基地、农民生产出的农产品增值，使这一价值链上的各相关主体均受益，形成良性循环，创新农业企业发展模式。

守农公司的初衷从未改变：让农民的劳动不再廉价，让他们能安心地种出更好的产品。

二、原产地、原品质、源自然

1. 原产地

（1）基地建设。当下，人们越来越倾向于选择自然、无污染的放心产品，特别是在对农产品的选择上。守农公司在具体实践中紧紧围绕着原生态产地这一理念，开展基地建设工作，不断增强消费者对产品的认同感和信任度，从而维持稳定的客户关系。目前，守农公司的基地主要分布在东北三省、山东、陕西、云南、浙江、安徽、新疆、江苏、江西、海南等地，合作基地有千岛湖方盛庄园、蓝城农业春风长乐、青岛崂山蜜杏基地、浙江温岭西瓜基地、云南蓝莓基地、山东烟台樱桃基地、北京平谷蟠桃基地、浙江安吉冬枣基地、中国黑龙江五常大米基地、台州仙居大战乡火坦谷杨梅基地等，每个基地都具有独特性。以安吉的冬枣基地为例，该基地由当地农民种植冬枣，对方团队在生产方面要求严、标准高，产品品质也极佳，但在营销上缺乏经验。守农公司通过与其建立合作关系，取长补短。在基地的选择上，守农公司的要求非常高，不仅要求它的周边环境好，更要求基地的土地没有污染。守农公司寻找土地无污染的基地，通过与之合作，收购股份，为未来的农业发展储备筹码。在未来，无污染的土地会成为农业企业发展的一个重要壁垒。

（2）现代农庄。从政府角度来看，现代农庄以现代农业产业化、发展规模农业为目的，吸引城市闲散资金，管理人才下乡，通过土地流转和集中管理，让农民手中的土地收益最大化，解决部分农民的就业问题，从而推动农业发展，从根本上解决"三农"问题；从投资商角度来看，现代农庄是政府鼓励农业发展的一个重要方向，有相应的一系列优惠政策以及财政资金的鼓励。现代农庄的发展让投资商对农业项目有了更加浓厚的投资兴趣；对于经营者来说，现代农庄不同于"农家乐"，它是以农业项目及现代农业产品为依托的一种新型休闲观光农业。此外，它能够给更多对农业有兴趣的大学生搭建一个展示自己的创新创业平台，为农业发展注入新的血液。作为农业经营者，守农公司对现代农庄的打造正是从"休闲观光农业"这一概念出发，以消费者为中心，以现代技术为手段，打造原生态农庄，支持消费者亲身体验，充分发挥农庄休闲观光的作用。同时，积极寻求与年轻一代的农业相关从业者的合作，使农业的发展紧跟时代。

2. 原品质

"代理商+平台"销售模式，确保产品品质。在销售模式上，守农公司在各地设立多个农产品代理商负责该区域内的产品销售，节约销售渠道的运作成本和管理成本。同时，建立线上交易平台，不断开发线下平台，扩展销售渠道。"代理商+平台"的销售模式是对供应链竞合战略的应用。

供应链竞合战略意味着企业通过与供应链上的企业建立合作关系，结成联盟，从而缩短交货时间，提高货源质量，降低采购成本。供应链管理模式以市场需求为导向，以客户需求为中心，将客户、供应商、研发中心、制造商、经销商和服务商等合作伙伴联结成一个完整的网链结构，形成一个极具竞争力的战略联盟。

营销平台主要提供产地直发、同城配送、农旅体验和私人定制四大板块服务。守农公司采取产地—客户的模式，与信任的农产品供应商建立长期合作，通过与农民签订合作协议，对农产品进行贴牌，把农产品销给中高端客户群体和企业客户群体。前期，在与农民的合作过程中，守农公司发现农民并不能按照公司的预想来完成包装等后续工作，于是公司转而与当地从事这一行业的年轻人合作。2017 年 3 月，守农公司开始同城配送服务。基于供应链竞合战略最大化整合利用资源的原则，守农公司整合了一家公司，建立了双方的战略性合作。守农公司充分利用对方完整的闭端供应链，闭端客户群数量大等优势，将营销外的一切活动外包，极大地降低了配送成本。守农公司通过与农民、物流企业等相关利益者合作，极大地提高了效率，降低了成本，提高了利润空间，市场竞争力进一步加强。

3. 源自然

源自然情怀贯穿在基地建设、产品生产的始终。源自然不仅是土地、产品无污染，农产品生产顺从自然规律，还要求运用现代技术，促进生产有机化，使生产可持续健康发展。

有机农业是指在生产中完全或基本不用人工合成的肥料、农药、生长调节剂和畜禽饲料添加剂，而采用有机肥满足作物营养需求的种植业，或采用有机饲料满足畜禽营养需求的养殖业。有机农业的发展可以帮助解决现代农业带来的一系列问题，如严重的土壤侵蚀和土地质量下降，农药和化肥大量使用对环境造成污染和能源的消耗，物种多样性的减少等，还有助于提高农民收入，发展农村经济，有极大的发展潜力。

守农公司坚持生产有机化理念，实行有机化管理。在各基地的建设过程中，公司与高等院校积极合作，尽量不生产基因工程农产品，不使用化学合成的农药、化肥、生长调节剂、饲料添加剂等物质，通过一系列先进技术来促进可持续发展。同时，守农公司开始关注基地的长期规划、详细跟踪记录以及安装设备和辅助设施等方面。

三、守农公司"三元"共生模式

共生理论认为，尽管共生包含了竞争和冲突，但它强调了从竞争中产生新的、创造性的合作关系，强调在尊重其他参与方（包括文化习俗、宗教信仰等）基础上扩大各自的共享领域。共生效应主要表现在三个方面：一是削减或消除资源"瓶颈"，二是分散或降低创新风险，三是降低交易成本。

守农公司坚持"原产地、原品质、源自然"的理念，将原生态产地、高品质产品、源自然情怀相结合，通过轻资产的运营方式，与合作伙伴、消费者互惠共生，打造"三元"共生模式（见图 2-4）。

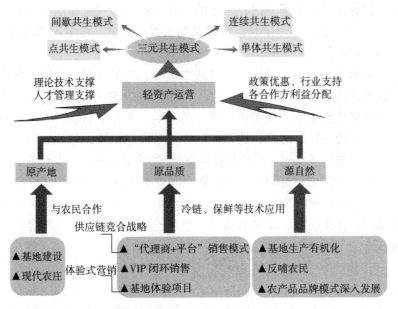

图 2-4　守农公司"三元"共生模式

资料来源：本文研究整理。

1. 守农公司"三元"共生模式类型

（1）点共生模式。点共生模式作为一种松散型的共生模式，其合作关系具有一次性、偶然性和不稳定性。守农公司是一家主要面向消费者和农业相关群体，专注于平台营销等业务的服务型公司。在运行过程中，农业生产和供应企业会按照市场价格出售产品，而守农公司作为网络销售平台会按照市场价格进行采购，完全按照市场规则进行交易买卖。在市场信息瞬息万变的当下，销售企业和生产供应企业以及物流企业之间，由于缺乏共生对象的足够信息，在寻找共生伙伴时并不具有特定的指向性，也不会单纯地依赖对方。以守农公司为例，其合作的农产品供应商并不是单一的，而是与不同的产品基地合作，形成较多的产品供应点，不断促进合作企业之间的互利共赢。

（2）间歇共生模式。多个点共生关系，集合形成间歇共生模式。在间歇共生模式中，其合作对象具有特定指向性和相对稳定性，合作企业间的共生关系不是持续式的，这也正是其区别于点共生模式的地方。由于农产品的多样性以及产品生产的季节性，守农公司在生产销售过程中，对产品供应者的选择并不是固定的，与产品供应者之间的联系是有时间性的，不是连续不断的。在一次合作结束而下一次合作之前，双方对合作对象都不存在义务和权利关系。在与物流企业合作时也是遵循间歇共生模式，就其具体合作而言，是稳定的，但不是不间断的。

（3）连续共生模式。该模式中的共生单元表现出对相互合作关系能够长期、稳固地保持下去的较强意愿。由于相互作用的连续性和稳固性，连续共生模式能够促使整个电子商务供应链上的采购、生产、营销、流通、服务等节点企业形成较为稳定的联盟关系，形成具有内在凝聚力的共生体。从守农公司来看，其与生产基地（农产品供应商）、物流运营商、技术研发中心之间的合作是长期、持续、稳固的，为了各自利益最大化，农产品供应商需要守农公司帮助营销，而物流运营商与技术研发中心也乐意接受守农公司的订单与合作项目，合作的四方之间形成一个利益连续共生体，在互相合作的基础上相互认可，形成内在凝聚力。

（4）单体共生模式。单体共生模式与前三种模式的根本不同在于平台提供商和合作企业等共生主体之间形成了一种独特的、唯一的共生界面。守农公司通过建立守农人公众号，从而建设运营这种高度一体化的单体型电子商务门户平台，通过平台营销农产品完成交易。守农人平台拥有自己的交易、支付、软件、广告甚至物流事业部，各事业部之间紧密联合，但资金、物质、信息等要素在共生体内流动，各事业部与外部市场的作用都基于共生体进行，生产基地提供的有机农产品通过在平台上营销，从订单产生到交易完成在平台上都能进行监控与反馈。

2. "三元"共生下的运营模式

（1）"代理商+平台"与VIP闭环销售模式。守农公司的销售特色集中体现在"代理商+平台"销售模式、VIP闭环销售模式和基地体验项目（见图2-5）。

宏观上，守农公司采用"代理商+平台"的销售方式，在全国各地设立多个农产品代理商负责该区域内的产品销售，通过发挥代理商的积极性和主动性，节约销售渠道的运作成本和管理成本，以较低的成本迅速将市场范围扩大，辐射到全国各大主要省份城市。

微观上，守农公司采用VIP闭环销售模式和基地体验项目。闭环营销是指市场营销体系中各流程模块组成完整的循环闭环。在营销实战中，主要强调品牌传播和渠道营销两大模块的循环对接，这是一种以客户为中心形成的组合营销策略。这一理论最早由诺维尔提出建立，并在营销实战中获得巨大

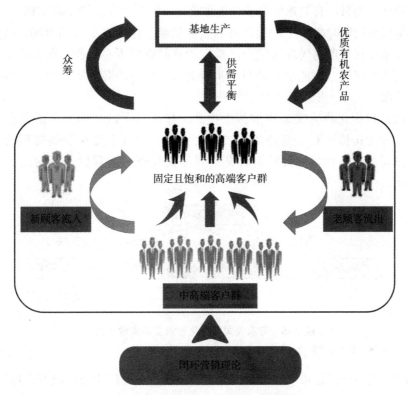

图 2-5 守农公司 VIP 闭环销售模式

资料来源：本文研究整理。

成功。守农公司期待应用这一理论建立一个相对稳定的高端客户群，通过众筹、认筹之后才开始生产，只有部分高端客户才有权利购买产品。等到农产品成熟之后，还会对质量进行检测，由该顾客群对产品质量进行把关。最重要的是，这个客户群体是保持饱和且稳定的，即不对外流通，只有老客户出去了，才考虑新客户的纳入。这一模式虽然尚未开始实行，但这一模式必将是一次有益尝试，为守农公司运营开启新纪元。VIP 闭环销售模式的必要条件就是守农人的市场定位，看准中高端消费群体，建立 VIP 闭环销售模式，锁定固定高端消费群。通过限定客户群体，供需相对稳定，能避免为了满足需求而以次充好，对品牌产生负面影响的现象，从而逐渐扩大高端客户群。这样的模式充分体现了守农公司管理层的眼光长远。

守农公司将"代理商+平台"销售模式、VIP 闭环销售模式相结合，辅之以基地体验项目，有效地解决了企业在宏观市场和微观市场不同的销售问题，在降低成本的同时树立了优质良好的企业形象，稳步拓展高端市场。虽然不可避免地存在代理商代理区域产品推广和货品管理不易控制、前期资本回报周期较长等问题，但能稳扎稳打，步步为营，培养顾客品牌忠诚度，维护好品牌形象，一步一步占领市场。

（2）扁平化物流交易集散共生模式。作为一个以营销为主的平台型企业，物流配送体系对于企业的发展至关重要，而对于处在发展初期的守农公司来说，扁平化物流交易集散模式则是其轻资产运营理念下的选择（见图2-6）。

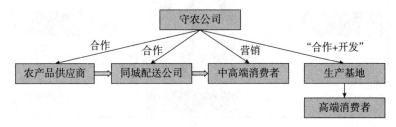

图2-6 守农公司扁平化物流交易集散模式

资料来源：本文研究整理。

守农公司把目标市场瞄准中高端消费市场，主要的业务模块有产地直发、同城配送、农旅体验和私人定制，这也就要求其物流必须安全、快速、服务好，而对于守农公司来说，自己建设物流体系成本太高，也没有足够的经验与实力，因而守农公司选择主要与现有物流运营商合作来实现自己的物流交易，同时也着手建设自己的物流体系。

守农公司与物流运营商合作，将区域物流外包，利用对方完善健全的物流体系配送农产品，确保物流安全、快速，降低物流成本。

搭建同城配送体系主要有两种方式：一是整合一家有着完整的闭端供应链、闭端客户群体的公司，利用对方已有的物流配送体系，慢慢发展自己的物流体系。这样做可以节省从零开始建设物流体系的高额成本，也能借鉴利用对方已有的经验与相关渠道、利益相关者建设自己的物流体系。二是与大型传统农产品经营公司进行战略性合作。对方公司急需守农公司这样的平台营销类企业帮助其突破瓶颈，转型升级，而守农人则可以利用这个契机将营销外所有流程外包给对方，从而节省生产、物流等成本。

以上两种物流体系搭建方式减少了管理层次，增加了管理幅度，从而适应快速变化的市场环境，避免决策链信息链过长，反应缓慢，提高了物流配送的效率，最终提高了企业的市场竞争力。

互联网信息的扁平化、透明化解决了传统农业产业链长、信息不对称的问题。传统农业的层级批发模式带来的成本高、物流损失大、交流信息不畅等问题，都可以通过互联网技术来快速解决。有人认为，未来农产品互联网物流交易将出现两种主要模式：一是将出现基于互联网技术和物流配送系统的大型农产品交易集散中心。这种集散中心将集储运、批发、交易、拍卖等多种功能于一体，依托互联网数据，实现实时行情交易。二是以大宗交易为主的批发销售电商交易平台将发挥巨大作用。就像阿里巴巴之于淘宝，农产品的大宗消费必将催生以大宗交易为主的电子交易平台。

守农公司以其业务整合能力为支撑，通过合作的方式将农产品供应商、同城配送公司、中高端消费群体这三者联系起来，与此同时针对部分中高端消费人群建立生产基地，铺展整体业务。这种方式有效地解决了信息不对称的问题，将市场引入传统农业，使农产品的生产与销售焕发新的生机。

四、原生态农业发展新机制

1. 品牌规划

守农公司作为"互联网+"时代下的产物，始终坚守着源于自然、回归自然的理念。"让城市的居民享受到原始品质的产品，让守住那片土地的农民能获得更高的收益"是守农公司最直白的理念，品牌化和标准化是其最终的目标。

如今，消费者对农产品已经有了根深蒂固的产地概念，比如客户了解到山东的苹果好，但是却不知道山东哪家的苹果好。因此，守农公司希望建立品牌效应，加快农业现代化的步伐。守农公司的品牌规划流程为：首先进行区域公共品牌规划；其次梳理产品体系，确定产品定位，深化品牌价值，提供战略咨询；最后导流进平台，实现落地，让市场进行检验，品牌实现增值。守农公司希望通过品牌规划和品牌效应，使品牌成为区分产品好坏的标志，让消费者有效识别和选择商品，为公司赢得顾客忠诚，充分发挥品牌优势。

2. 轻资产运营模式激发共生效应

轻资产运营模式即将公司部分基础业务外包，集中培育公司核心能力。

顾名思义，轻资产即资产规模倾向于小，资产质量倾向于精，资产形态倾向于软（无形），资产投入倾向于小。

成立于 2016 年 12 月的守农公司注册资本仅 200 万元，从成立之初就坚定了轻资产运营的战略，明确自身专长所在，专注于提供高品质、源自然农产品，依托自身专业知识、管理能力和创新能力，建立农产品品牌，在短时间内迅速成长起来。

除营销业务外，守农公司将其他业务外包给更有成本优势的公司，与优质农庄、物流运营商等合作，不仅节约了大量生产基地建设、物流建设的费用，而且节约了大量的人工费用，极大地降低了生产成本；降低了守农公司进入农产品行业的门槛，为守农公司低风险快速扩张和跨越式发展奠定了基础。这使守农公司能够把资金和精力专注于核心业务——营销，提高其核心竞争力。此外，守农公司树立"反哺农民"的企业形象，提高守农公司品牌附加值；精减企业人员，提高组织结构灵活性；通过与利益相关者的合作，与产业上下游参与者形成了一个利益同盟，既实现成果共享，又实现了风险共担。其轻资产模式如图 2-7 所示。

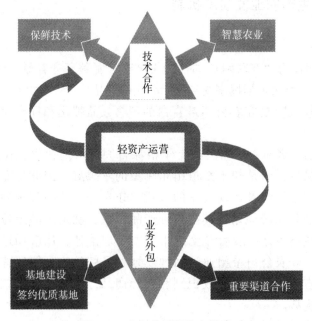

图 2-7　守农公司轻资产模式

资料来源：本文研究整理。

与此同时，大量的外包业务和合作使企业处于共生环境之下，共生企业之间互相建立多样化合作。以守农人为例，创立之初面临资源断裂、资金不足的困境，在共生理论下，采取轻资产运营战略能够有效削减或消除资源"瓶颈"，分散或降低创新风险，从而降低交易成本。守农公司通过与物流公司、科学研究所等单位的合作，在获取利益的同时又维护了自身的独立性，不断发展前进。

轻资产的运营模式具有创造性和灵活性，但同时要注意管理和监控，形成对外包业务质量的有效控制。守农公司要真正形成独特的核心竞争力，就必须在农产品质量和服务上严格把关。在重要的合作领域，守农公司必须坚持独立自主，斟酌成本、合作关系等因素，引入多个合作方、外包商。很多跨国公司的供应商发展计划都强调"替补"供应商的发展，即同时与几家类似的供应商发展业务往来，一旦正在使用的供应商发生问题，马上就可以找到"潜补"的供应商，从而大大地降低企业对某一供应商的依赖。

3. 社会效益

"守护农品最真的本质"是守农公司不变的追求，让农民享受互联网带来的红利"是守农公司的创业初衷。在企业发展过程中，守农公司一直与农民保持密切联系，以合作等方式"反哺"农民，这是守农公司的一种情怀，守农公司的原始团队成员全部来自农村，每一个成员骨子里都有着老农民的朴实。

揣着一份感恩和回报，守农公司开展了公益活动"守农行动"，长期帮助真正需要帮助的农民，帮扶对象可通过守农公司的平台进行五年的免费推广，共享守农公司的资源，并且进行免费咨询，直至产品销售无后顾之忧。

而守农公司与农民积极开展各项相关合作，进行基地建设，建立品牌特色，提高农产品销售价格，增加收入，同时也保证了公司产品的质量。总而言之，守农公司对农民的反哺是一种情怀，更是一种互利共赢。

资料来源

[1] 张群祥，朱程昊，严响. 农户和龙头企业共生模式演化机制研究——基于生态位理论 [J]. 科学管理研究，2017（8）：201-209.

[2] 杨建利，邢娇阳. "互联网+"与农业深度融合研究 [J]. 现代农业 2016（8）：191-196.

[3] 黄祖辉，俞宁. 新型农业经营主体：现状、约束与发展思路——以

浙江省为例的分析 [J]. 组织制度 2010 (10)：16-25.

 经验借鉴

  本案例选取守农公司作为案例分析对象，运用"三元"共生理论探索农产品服务业新创企业在当前以及未来经济下如何减少资源瓶颈、应对市场需求，为其他企业提供市场指导。本案例主要经验：①凝练了"三元"共生模式。运用共生理论，深入分析"三元"要素相互作用、相互影响的机理以及在企业经营中的实践。守农公司坚持"原产地、原品质、源自然"的理念，将原生态产地、高品质产品、源自然情怀相结合，通过轻资产的运营方式，与合作伙伴、消费者互惠共生，形成"三元"共生模式。②构建了"三元"共生模式推动新创企业成长的机制。新创企业在建立初期、成长期、成熟期等生命周期的不同阶段采取的不同共生类型是由外部市场条件与自身运营条件共同决定的，主要体现在共生对象的选择和共生关系密切程度的变化上。在企业建立初期，高端农产品服务市场没有被充分开发，内部受自身资金、人力等因素限制，只能采取点共生、间歇共生模式，使企业在共生联盟的支持下立足市场。在企业成长期，通过连续共生与产业上下游参与者形成长期、连续、稳定的利益连续共生体，逐步占领市场。在企业成熟期，通过运营高度一体化的单体型电子商务门户平台，与合作企业建立单体共生模式，将这种高度共生关系作为市场壁垒与竞争优势，领先同行竞争者，在市场占据主导地位。③确立新创企业共生模式发展路线。轻资产运营对于新创企业发展至关重要，轻资产运营激发共生效应。通过共生模式由点共生、间歇共生向连续共生、单体共生的深化发展，新创企业与该产业上下游参与者之间的共生关系愈加紧密，在保证企业与合作企业各自的利益基础上扩大合作方各自的共享领域，形成利益共生体。在物流运输方面，建立扁平化物流交易集散共生模式，同时在面向中高端客户的市场定位下，创新性地建立 VIP 闭环销售、体验营销方式，提高高端客户忠诚度，将稳定的高端客户群纳入共生体系。通过轻资产运营建立共生体系，逐步将产业上游供应商、下游物流运营商、高端客户群纳入企业共生系统，形成长期稳定的利益共生联盟，使新创企业有效突破资源限制，领先同行竞争者，迅速地占据市场。

本篇启发思考题

1. 何谓共生模式？有哪几种类型？
2. 简述"代理商+平台"销售模式的优劣势。
3. 守农公司"三元"共生模式有何特点？
4. 轻资产运营模式对新创农业科技公司有何借鉴作用？

第三篇

五芳斋与迪士尼跨界联合：
老字号品牌活化新路径的探究

 公司简介

浙江五芳斋实业股份有限公司（以下简称五芳斋）的发展历史可以追溯到民国年间。民国十年（1921年），张锦泉在张家弄6号开了首家"五芳斋粽子店"。数年后又有两个嘉兴人在同一弄里开了两家"五芳斋粽子店"，并在粽子的选料、工艺等方面展开激烈竞争，使粽子技艺日趋成熟，并形成了鲜明的特色——"糯而不糊，肥而不腻，香糯可口，咸甜适中"，成为名扬江南的"粽子大王"。1956年，三家店合并为"嘉兴五芳斋粽子店"，并一直传承至今。

五芳斋崇尚"和商"经营理念，以"打造中国米制品行业的领导品牌，打造中式快餐连锁的著名品牌"为战略目标，着力建设"从田间到餐桌"的食品产业链，业务横跨农业、食品制造、快餐连锁、电子商务等领域。公司在黑龙江建立了优质稻米基地，在江西设立了纯天然箬叶基地，在嘉兴、成都、广东、武汉建有四大食品生产配送基地，市场营销网络遍布全国，并开设了320多家连锁门店、600多个早餐销售点。下属的食品研究所是一家致力于食品及农副产品开发、工艺技术和标准化研究的专业科研机构，更是省级技术中心。五芳斋致力于成为中华传统美食的守味者，坚持生产安全的食品，坚持生产工艺和管理流程实现标准化，坚持从原料到成品每一步都严格监控。

案例梗概

本案例基于品牌联合视角，以品牌活化的路径为中心，通过深入了解品牌联合、品牌活化等相关理论，参照 Lehu 品牌活化模型，梳理五芳斋品牌联合实际操作及效益的内在关系，提出品牌联合、品牌活化的作用机理。案例研究表明，品牌联合策略为企业带来更高的曝光度，吸引年轻消费群体，有效地活化品牌，并提炼整理出适用于国情、经济适用性高的品牌活化的建议，为"中华老字号"品牌活化提供参考。

关键词：品牌活化；五芳斋；跨界联合；品牌联合；迪士尼

 案例全文

一、五芳斋简介

历经近百年的发展，五芳斋已成为粽子行业的领导者，形成以食品、餐饮、米业为核心产业，集多个业务板块，兼具科研、生产、销售、服务等综合功能的集团化公司。总部位于浙江省嘉兴市，并在上海成立了营销总部，在中国香港设有食品进出口公司，有上海五芳斋高速公路经营管理有限公司等 20 多家子公司，员工近 6000 人。其组织结构如图 3-1 所示。2014 年五芳斋实现销售收入 26 亿元，实现利税 2.5 亿元。近年来，五芳斋凭借敢于创新的精神，先后获得"老字号传承创新先进单位""品牌力量榜最具创新引导力企业""金牌老字号"等荣誉称号。

五芳斋在传承民族饮食文化的基础上不断创新，对明清两代极具盛名的"嘉湖细点"的制作工艺进行了现代化改造，产品系列包括粽子、月饼、八宝饭、卤制品、蛋制品等，产业贯穿科研、原料采供、生产、物流、销售等领域。

五芳斋是国家首批"老字号"企业，享有"浙江名牌"称号。企业内部实行职能制，各部门分工合理，职能明确，确保从原料到成品高质量完成。

五芳斋企业文化：①经营理念。和商（和谐共赢与和而不同）。②和谐共赢。五芳斋每一步发展，得益于消费者的认同与喜爱。五芳斋尊重历史传承，将食材之美、技艺之美、味道之美合成为大美，确保带给消费者美好体验，倡导健康品质生活。③和而不同。五芳斋的创新发展离不开和谐包容的企业文化。五芳斋鼓励每一位员工为集团发展建言献策，倡导开放倾听，为每一位员工提供实现个人价值的舞台。五芳斋的持续发展离不开和而不同的商业环境。五芳斋不靠投机取巧或恶性竞争，尊重对手，坚守底线，光明正大，

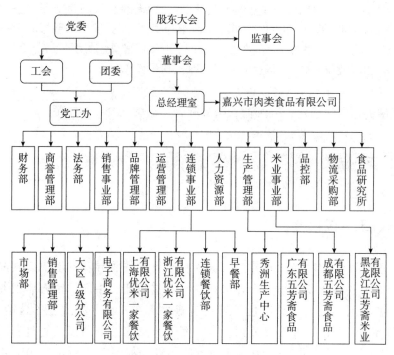

图 3-1 五芳斋组织结构

资料来源：五芳斋提供。

才会在现代市场的竞争中真正处于不败之地。④战略定位。打造米制品行业的领导品牌，打造中式快餐连锁的著名品牌。⑤企业精神。和谐、诚信、卓越、创新。

五芳斋崇尚的"和商"经营理念，成为企业处理内外部关系时恪守的原则。五芳斋员工之间情同手足，弘扬和衷共济、团结一致的正气；主动承担企业的社会责任，率先制定粽子行业的国家标准和规范，规范促进整个行业的健康发展，在客户和供应商中取得良好口碑，并获得多项荣誉（见表 3-1）。

表 3-1 五芳斋部分荣誉单

年份	荣誉
2011	最有影响力的餐饮企业
2012	浙江省食品安全大整治百日行动先进单位、全国餐饮优秀企业、省级民营企业先进文化建设"十佳"单位

续表

年份	荣誉
2013	浙江省著名商标、浙江省创建和谐劳动关系先进企业、全国食品工业优秀龙头食品企业
2014	全国主食加工示范企业、品牌力量榜最具创新引导力企业
2015	浙江名牌、浙江省绿色企业、金牌老字号、嘉兴最具有社会责任感商贸企业、老字号传承创新先进单位

资料来源：五芳斋提供。

二、五芳斋品牌困境分析

1. 品牌形象中老年化

听到五芳斋这个品牌，消费者第一时间想到的就是粽子，说明五芳斋的粽子已经深入人心。五芳斋的粽子这么受欢迎，其一是因为它独特的工艺和口感，其二是中老年人群对传统文化的传承与热爱。但是在年轻一代看来，吃粽子仅仅只是举办节日的一种形式，粽子在他们眼中并不是日常生活中必需的一种食物。五芳斋与年轻消费者缺少共鸣，对年轻消费群体的影响力低，长此以往，光凭独特的口味，五芳斋难以培养与年轻群体的良好关系。这对于五芳斋的发展影响是巨大的。

随着互联网的发展，网络购物已经成为主流的购物方式之一，线下销售市场遭到严重挤压。虽然近几年五芳斋致力于发展电子商务，但是就目前来说，进行网络购物的消费者大多是青年人群，他们却不是五芳斋粽子的忠实消费者，这对于五芳斋品牌未来的发展极为不利。

品牌形象是指企业或其某个品牌在市场上、在社会公众心中所表现出的个性特征，它体现公众特别是消费者对品牌的评价与认知。一旦消费者认为一家企业的产品是过时的，那么这个企业就出现了品牌形象中老年化。在年轻消费者的心目中，五芳斋只是一家生产粽子的公司，其中老年化的品牌形象，使年轻消费者对其产品购买欲望较低。

2. 品牌老化

提到五芳斋消费者就能立马想到粽子，可提到粽子消费者不一定就会立马想起五芳斋。由于消费者对粽子缺乏品牌的意识，在选择购买时并不体现出对五芳斋的忠诚度，就会使五芳斋陷入一个高认知率和低再现率的一个困境中。同时，随着五芳斋品牌形象的中老年化和粽子的象征化，消费者对五芳斋的品牌联想仅仅停留在端午吃粽子的场景。这些都是五芳斋品牌老化的表现。当一个品牌老化后，其市场占有率会逐步下降，经营状况恶化。

3. 存在的问题

整体上来看，五芳斋对生产的每个环节都进行严格的把控，食品安全、美味，但从品牌活化的角度来看，五芳斋只是将本分做好，却没有做新。

（1）在产品口味方面，五芳斋仍然保持肉粽和豆沙粽等传统粽子口味，如图3-2所示，根据本文调研问卷反馈情况看，53%的消费者认为口味是影响其购买的最重要的因素，单一的口味难以满足日渐多元的消费需求。

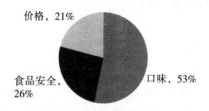

图3-2 粽子相关因素对消费者的重要性

资料来源：五芳斋提供。

（2）在品牌传播方面，五芳斋还是采取比较传统的媒体如报纸、电视、大篷车宣传等，而这样的宣传方式缺乏创造力和针对性，不能很好地吸引年轻人。

（3）管理层与员工未能与时俱进。五芳斋管理人员与员工多为中老年人，思维模式相对固化。一线员工直面消费者时，难以传递出企业活力。若不能在企业内部从思想上做到年轻化，那么"老年病"的问题依然存在。五芳斋品牌老化鱼骨图分析如图3-3所示。

三、品牌联合具体措施

本文着重阐述五芳斋挑选联合企业的过程，以及利用品牌联合在产品服务、品牌传播及目标市场等进行的一系列活动（见图3-4），由于产品和品牌传播的活化可最终带来目标市场的年轻化，所以本文着重从品牌匹配情况产品活化、传播年轻化及人员活化这三个方面展开。

1. 品牌匹配

基于品牌联合视角下的品牌活化路径探究，首先得考虑联合品牌间的匹

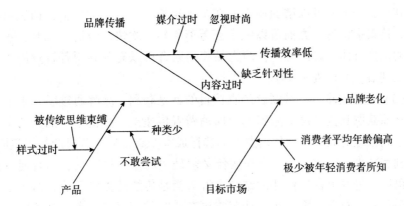

图 3-3　五芳斋品牌老化鱼骨图分析

资料来源：五芳斋提供。

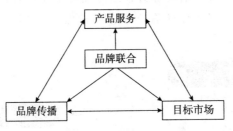

图 3-4　品牌联合关系

资料来源：五芳斋提供。

配情况。只有具备高匹配度的品牌联合才有可能达成品牌活化的目标。

（1）品牌形象、品牌市场地位。五芳斋是中国粽子界的龙头企业，迪士尼是世界娱乐传媒界的老大，这两大品牌的合作就是不同行业先锋的结合，实现"1+1>2"轻而易举。此外，五芳斋的企业文化核心是"和商"，即人与人之间和谐共处。而在迪士尼的企业文化中，人永远是最重要的，比如员工的安全、企业对员工的关爱、顾客的消费体验等。以人为本的企业文化让两个品牌的结合自然而又顺利。

总体来看，五芳斋和迪士尼都是近百年的老字号品牌，历史悠久，它们具备了品牌联合的基本条件——品牌形象和品牌市场地位的匹配。

（2）资源共享。五芳斋在中国拥有四大生产基地，产品销售遍布全国绝大部分省份，并占有一定的海外市场。而迪士尼是世界知名的娱乐业公司，旗下作品深受世界广大消费者的喜爱，并且拥有大量忠实粉丝。两大中西品牌的联合，一方面可以增加迪士尼在中国年长一辈心中的价值，拓展市场销售、宣传渠道；另一方面可以赋予五芳斋年轻、欢快、激情的元素，扩展五芳斋的消费群体。总而言之，两大品牌的联合可以充分利用各自资源为另一方带去利益，实现资源共享。

（3）利益追求。品牌联合的直接目的就是获利。品牌通过联合来聚集资源，从而获取利益。每个品牌都会向消费者传递出一种情感，如果两个品牌情感不同甚至对立，会导致消费者的选择成本变高，从而造成产品销量降低，企业利润减少。因此，两个合作伙伴必须是"利益一致"的，而且通过这个目标可以促进两个合作伙伴的结合。五芳斋是传统的美食行业，迪士尼是动漫娱乐行业，双方巧用"快乐让美味更有味"的情感契合点，避免跨界联合所带来的消极影响。

基于以上三点的匹配情况探究，五芳斋和迪士尼在品牌形象和地位、资源共享、利益追求三方面都具备一定的匹配度，为品牌活化提供了很好的前提条件（见图3-5）。

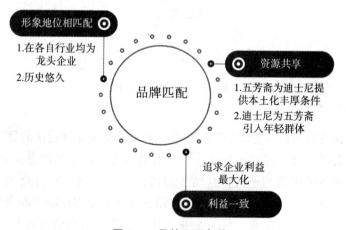

图 3-5 品牌匹配条件

资料来源：五芳斋提供。

2. 产品活化

品牌活化路径多样化对于企业来说既是机遇，也是挑战。因为企业通过销售产品获取利润，所以产品活化是企业实现品牌活化的优先考虑途径。产品活化可以从多角度入手，如产品口味、产品质量、产品包装、产品成本等。

针对消费者反馈情况，五芳斋采取了一系列措施以实现产品活化。

（1）针对产品口味，五芳斋除了保留传统的大肉粽、豆沙粽、蛋黄肉粽之外，还研发出适合大量生产和销售的玫瑰豆沙粽、紫薯栗子粽，这两款粽子除了在产品口味上具备突破性，在产品价值上也符合时代潮流。这两款粽子是五芳斋为了配合2019年迪士尼公主系列电影而推出的适合女性消费的粽子，迎合女性市场颇为流行的素食主义。五芳斋抓住女性追求美丽容颜的特点，充分考虑现代营养学健康膳食"低脂肪、低盐、低糖、高蛋白质"的特性，研发了一系列以花果及低卡路里的食物为原材料的美容养颜粽，将美颜功效和时尚相结合，实现了"色、香、味"与养颜合为一体的创新。

（2）为了保证食品安全，更为了拿到迪士尼合作认证书，五芳斋对其原材料供应商做出调整，保留符合认证标准的供应商，淘汰部分不达标的现有供应商，或是要求不达标的供应商进行整改，直到满足迪士尼的相关标准为止。经过改进，五芳斋在食品安全方面更具保障性。

（3）包装多样化、功能化。产品包装对于消费者的购买是具有吸引力的。2018年，五芳英雄的盾牌设计，将外包装制作成精美的美国队长周边，立即吸引了大量"粉丝"群体的疯狂抢购。于是，2019年五芳斋继续深化功能性包装，将公主系列设计成精美化妆盒，星战系列设计成机器人造型储物罐，使产品包装兼具有实用功能性，与顾客形成良好的互动，延长包装存留寿命（见图3-6）。

图3-6　包装前后对比

资料来源：五芳斋提供。

3. 传播年轻化

产品活化路径是企业针对消费者反馈所做的一系列措施。渠道活化则要求企业主动开拓活化路径实现产品营销。

（1）一线城市的大篷车路演。五芳斋为了让更多的人了解到这次合作，在 11 个城市、20 个卖场及商圈进行了为期 25 天的大篷车路演宣传。粽艺路演主要集中在一线城市的大卖场等场地，里面有包粽子的活动宣传等信息，引起许多年轻人关注，全国各地的消费者可以通过所在城市的路演活动或网络视频，参与到粽子活动中，获取味觉与视觉的双重享受与更多惊喜。此外，为了迎合迪士尼几部电影的上映，五芳斋在上海、北京、广州、成都 4 个城市的影院推广系列产品，吸引了许多电影粉丝购买。2016 年《美国队长 3》的上映，正值端午之际，五芳斋把握了首映礼的机会，在院线大力宣传，得到消费者的良好反响。同年，五芳斋趁着迪士尼《疯狂动物城》的余温未散，将在市区商业中心内搭建卡通版的疯狂粽子城。粽子城里有涂鸦区、游戏区、表演区和互动合影区，粽艺师傅会在这些地方教授前来参与的家长和孩子如何包粽子，除了让顾客体验到一个"疯狂"的端午节，也让他们在参与中更深刻地理解五芳斋的精神，让他们发现传统技艺也有不同的玩法，让顾客发觉传统企业并不死板，让顾客真切地体会到五芳斋的企业活动。

（2）H5 游戏线上互动。《美国队长 3》上映初期，五芳斋结合电影剧情的转折，借助美国队长和钢铁侠的对战所引发的不同支持阵营，特别创办了"英雄 PK"支持赛。自 H5 游戏上线以来，五芳斋顾客只需在手机屏幕拨动手指，在规定的时限内接尽可能多的粽子来给自己支持的阵营添加力量，就能获得红包。H5 游戏让剧情和游戏形成良好的互动，激发电影角色在顾客内心的作用，弥补顾客不能在电影中与自己的偶像并肩作战的遗憾，顾客完全可以在游戏的场景里为所支持的英雄出力。

游戏与电影宣传、微博宣传相结合，发掘出了漫威迷们的讨论热点，迎合顾客。在漫威迷活跃期，五芳斋配合微博上的互动，深扒漫威迷群体的特点，在保证娱乐性的同时也促进了 H5 游戏的曝光。在《美国队长 3》的讨论热度升级后，五芳斋将剧情与生活热点相结合，引发目标顾客的讨论，拓宽 H5 传播渠道。以资深吃货的形象主推产品，使五芳斋品牌在得到高曝光率的同时，也助力了 H5 游戏的推广。此次 H5 推广，得到了超 1000 万人次的阅读量和 0.63% 的分享率。

H5 互动不仅仅是五芳斋处于互联网时代做出的宣传模式的转变，更是其思维的变革。面对年轻群体日新月异的消费习惯，五芳斋在坚守老字号本身所具有值得信赖的品牌形象的基础之上，进一步注入新时代的力量，挖掘老字号的潮流元素。

（3）KOL宣传。迪士尼的消费群体大多消费其电影产业，而五芳斋的消费群体大多关注于美食。抓住双方消费群体所关注的对象，以电影和粽子为特点寻找受众群体，五芳斋通过邀请电影圈的大V"电影美剧圈"、娱乐圈的大V"电影料"、漫威圈的大V"神盾特工吧"与美食圈的大V"好煮艺"等具有影响力的89位意见领袖将目标群体引导向五芳斋。

同时五芳斋还为"一大口美食榜"的100位美食达人、财视传媒的100位CEO和TOP高能的30位导演、演员特别制作了腰封粽，每一位意见领袖在其各自的领域都享有很高的声望。无论是受邀方还是受赠方，大多的意见领袖被五芳斋粽子的独特味道和精美包装所吸引，自发地在社交平台上赞扬五芳斋，使五芳斋获得超过1个亿的曝光度。精确定位目标群体策略，使五芳斋在目标群体中的曝光率更高一层，增强了年轻群体对五芳斋的好奇心和了解欲。当这些目标群体初步关注五芳斋，再配合五芳斋官方微博俏皮卖萌的语言风格与其互动，引发高达65%的微博晒单率。让目标群体从网络上的过路人转化为五芳斋的粉丝，五芳斋对这些年轻群体一开始就树立了活泼形象，使其年轻化过程更顺利。

4. 人员活化

与迪士尼合作一年多时间以来，五芳斋认识到若品牌活化仅仅流于表面，停留在宣传形式、目标人群和产品突破还是远远不够的，若不能在企业内部实现管理层思想活化，那么品牌活化将很难坚持下去。认识到这一重大问题后，五芳斋在企业内部采取了以下措施：

（1）管理层从上至下，层层促进，全员年轻化。五芳斋实业的总经理在公司会议上将这一理念层层传递下去，从部门一把手到一线销售人员，尤其对直接面对顾客的营销人员、门店店长等进行多次培训，帮助他们去理解迪士尼的理念，推动他们去接受新事物。

（2）企业内部创新，永葆活力。五芳斋每个月都会进行项目评比，提出各种新颖的项目，其中有对产品口味进行创新的项目，有节约成本的项目，还有优化产品制作流程的项目，企业为好的、具备可行性的项目研发人员颁发奖项和奖金，并将好项目公示在企业文化栏，以此鼓励员工不断创新。当企业形成一个良好的创新环境，自然而然会呈现出新的面貌。

四、跨界联合对老字号品牌活化的影响

老字号品牌的发展就像是一个人的人生，由幼年成长到壮年，经历过壮年后就面临着衰退期，而有些品牌在衰退期时，采取了一定的措施来使品牌复活，我们把这一阶段称为品牌活化阶段（见图3-7）。而实现这个阶段的转变，往往不是一个偶然的事件成就的，而是一个有计划的、动态的品牌管理的成果。

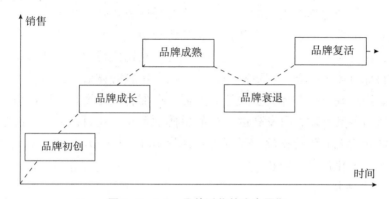

图 3-7　Lehu 品牌活化的生命周期

资料来源：本文研究整理。

大多数的西方学者认为，实现品牌活化的最有效措施是向老化品牌添加新元素。而跨界联合是现阶段公认的门槛低、效果显著的增添新元素途径，此途径无论是对知名的大品牌还是不知名的小品牌都有着成本低、见效快的特点。

由于人们对老字号固有的认识，通常将其与保守绑定在一起，而具有这样固有印象的老字号选择与人们意识相悖的跨界联合，就像七八十岁的老大爷玩嘻哈一般，这往往能在一段时间里成为热议话题，给老字号带来巨大的流量和关注度。而老字号需要把握跨界联合带来的热度，挖掘联合品牌可用要素，不断以不一样的姿态出现在消费者的眼前，淡化其刻板印象，与消费者在精神上产生共鸣。

企业的员工好比是一个人的手和脚，是企业的执行者。若一个企业拥有好的创意，却缺乏得力的执行者将其付诸实践，那么就会事倍功半。而产品就更像是企业的本质，再华丽的外表若没有良好的本质，也会让人避而远之。

这些准备看起来都很简单，而只有将这些基础性的准备做好，企业才能展开更多的措施。

（1）开篇：跨界引发舆论关注。不寻常的事件总会博取消费者的眼球，而跨界本身恰恰就是舆论的热点。2016 年 3 月 28 日进行的"五芳斋与迪士尼合作启动仪式暨新品发布会"引起了社会广泛关注，中新社、新华社等主流媒体报道超过 500 篇次，合作带来的亮点更是成为当年端午节媒体报道的热门话题。2016 上半年度，关于五芳斋与迪士尼合作的新闻报道多达 1186 篇，占所有相关五芳斋新闻报道的 29%（见图 3-8）。

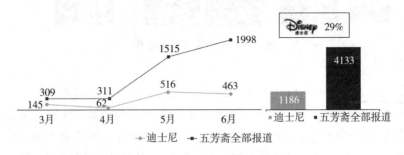

图 3-8　端午新闻媒体报道

资料来源：五芳斋提供。

（2）铺垫：跨界传播，增强互动。跨界联合带来品牌互动。想要与联合品牌产生互动就需要企业寻找一个连接点来创造故事，例如，五芳斋根据迪士尼电影对战的剧情，用"接力五芳斋为你的英雄加油"的主题将两个品牌整合起来，增强互动性，使联合更深入。同时，五芳斋还借助漫威系列电影上映周期，将电影宣传与产品宣传相结合，通过微博等新媒体进行宣传推广，积极发掘年轻粉丝群体的讨论热点。《美国队长 3》上映期间，针对不同的产品特性和不同时期的热点效应，五芳斋设立四个微博话题，积极与粉丝互动，最终获得不错的阅读量与讨论量；与院线首映互动的举措，使从线上到线下加强了其品牌立体性，借助这个机会使原先不太了解五芳斋品牌的消费者接触到五芳斋，从而拉近品牌与年轻消费者的距离（见图 3-9）。

（3）高潮：深入跨界，产品更融合。对于任何一个企业而言，其最关注的是变现能力。因为现金流就像是一个企业的血液，现金流短缺会给企业带来许多麻烦和不便，甚至破产。所以有多少消费者喜欢并且愿意购买其产品，才是企业真正关心的，之前的造势最后都为产品的变现做准备，而在产品的包装或是其他方面要充分利用联合双方的优势，来获取更多消费者的喜爱。

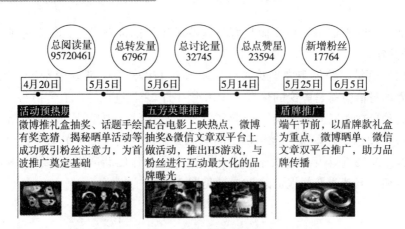

图3-9　端午宣传营销效果

资料来源：五芳斋提供。

在收集的五芳斋案例有效问卷中，消费者比较认同新产品很有特色，新产品包装很新颖（见表3-2）。65%的消费者表示会购买新产品，这些会购买的消费者中有88%表示会向朋友推荐该新产品。总体而言，五芳斋和迪士尼联合的新产品较为普遍地得到消费者的认可，并且能引起消费者的购买欲望。

表3-2　问卷调查第27题

题目	平均值
我觉得新产品很有特色	1.77
我觉得新产品包装很新颖	1.71
我觉得新产品很美味	2.01
我很喜欢新产品	1.93
我会购买新产品	2.04
如果有朋友要购买此种产品，我会推荐该新产品	1.96

注：1分为非常同意，5分为非常不同意。

资料来源：本文研究整理。

（4）结尾：品牌形象得到改善。品牌活化的其中一个指标是品牌形象得到改善。如图3-10所示，与五芳斋直接相连的形象词有务实、诚实、健康、快乐、勇敢、精力充沛、幻想、时尚、值得信赖、成功、有品位、户外、经典的和有趣的，这表明五芳斋的内在核心是踏实而富有活力的。

度数中心度表示一个因素与其他因素直接相连的情况。在评价五芳斋形

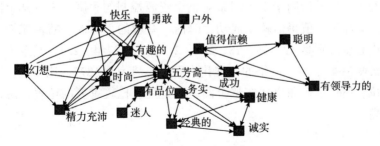

图 3-10　五芳斋形象词

资料来源：五芳斋提供。

象的词中，时尚、勇敢、精力充沛、有趣的和幻想的度数中心度较高，表明这些词在整个五芳斋形象网络中占据较强的核心性（见表3-3）。

表 3-3　形象词的度数中心度

	Degree	NrmDegree	Share
时尚	6.000	33.333	0.071
勇敢	6.000	33.333	0.071
精力充沛	6.000	33.333	0.071
幻想	6.000	33.333	0.071
快乐	6.000	33.333	0.071
有趣的	6.000	33.333	0.071
务实	4.000	22.222	0.048
健康	4.000	22.222	0.048
诚实	4.000	22.222	0.048
值得信赖	4.000	22.222	0.048
成功	4.000	22.222	0.048
经典的	4.000	22.222	0.048
聪明	3.000	16.667	0.036
有领导力的	3.000	16.667	0.036
有品位的	2.000	11.111	0.024
迷人的	1.000	5.556	0.012
户外	1.000	5.556	0.012
Network Centralization=59.48%			
Heterogeneity=7.54%. Normalized=2.40%			

资料来源：本文研究整理。

中间中心度是指测量某个因素对整个资源控制的程度，表示某个因素的重要性。有品位、值得信赖、成功、时尚、有趣的、勇敢、精神充沛、幻想的中间中心度分别是 32、28、28、2.4、2.4、2.4、2.4、2.4，其余形象词均为 0（见表 3-4）。整个网络的标准化中间中心势为 0.6877，比较大。不难看出有品位，值得信赖和成功在整个网络中是处于比较重要的位置，总体一致性比较高。

表 3-4　形象词的中间中心度与图的中间中心势

	Betweenness	nBetweenness
有品位	32.000	10.458
值得信赖	28.000	9.150
成功	28.000	9.150
时尚	2.400	0.784
有趣的	2.400	0.784
勇敢	2.400	0.784
精力充沛	2.400	0.784
幻想	2.400	0.784
快乐	0.000	0.000
务实	0.000	0.000
聪明	0.000	0.000
诚实	0.000	0.000
健康	0.000	0.000
迷人	0.000	0.000
户外	0.000	0.000
经典的	0.000	0.000
有领导力的	0.000	0.000

Network Centralization Index＝68.77%

五、理论启示

五芳斋通过品牌联合策略，实现了与迪士尼的品牌联合，进行品牌延伸。在双方品牌合作期间，五芳斋致力于探索多样化的品牌活化路径，为解决当前存在的品牌问题——品牌老化、品牌形象中年化做着不懈的努力。

通过研制符合年轻消费群体口味的产品，严格把控产品制造质量，将产品包装功能化、多样化，五芳斋实现了其产品对于年轻消费群体的吸引力，从而逐渐提升其在年轻消费群体中的品牌形象，也促使其忠实消费群体对其品牌形象有更进一步的了解，并始终保持高度的忠诚度。

通过多样化的渠道宣传——大篷车路演、线上游戏互动宣传、迎合电影上映周期宣传、微博实时话题互动、KOL宣传等，五芳斋将宣传营销落实到每一步，不断提升其在市场中的品牌知名度，并展示了其独特的品牌个性。

通过内部人员思想活化，进行员工培训，深入贯彻品牌活化理念；鼓励创新，营造创新氛围，资助可行项目，五芳斋实现了其内部的人员思想活化，由内到外，展示一个老字号品牌对于品牌活化探索。

五芳斋牢牢把握了与迪士尼的品牌联合这一契机，通过多样的品牌活化路径，实现了品牌形象的更新、品牌认知度的提升、品牌个性的展示，达到其对于品牌活化所期望的大部分绩效。

品牌活化路径多样化，对于如何选择品牌活化路径，五芳斋的品牌活化案例给当前处于品牌老化或出现品牌资产问题的老字号企业如下理论启示：

（1）不断进行新产品开发。消费者对于一个品牌的最初印象来源于其提供的产品与服务。产品和服务质量都会直接影响消费者的消费体验。老字号品牌也正是凭借其独特的产品和服务支撑着企业的发展与壮大。但老字号企业也面临着产品单一化、无创新性等问题，五芳斋以粽子为主打产品，不断更新产品口味，把控产品质量，设计产品包装，迎合了不断变化的消费者需求。

所以，对于老字号企业而言，应当在传承和发扬品牌文化的基础上，积极引进现代工艺，运用现代化技术来提高创新能力，针对不同的目标客户推出不同的新产品，形成不同的产品系列，重新建立品牌与消费者的密切联系。这样能不断地扩大市场空间，但必须认真考虑并处理好如何改善传统的产品与服务以期吸引更多的消费者，如何在保留忠实顾客的同时又能开拓更广阔的潜在目标市场。

（2）谨慎进行品牌联合。品牌联合可以达成品牌延伸，即在原有品牌文化基础上，延伸出不一样的品牌价值。五芳斋通过品牌匹配，达成了与迪士尼的品牌联合，并在其"和商"的品牌文化基础上赋予了激情、快乐的元素，不断更新品牌价值。但对于五芳斋而言，其应当关注品牌联合对于其未来发展所隐藏的风险。

《品牌意识》的作者、品牌专家 Martin Lindstrom 认为，将近90%的品牌联合是失败的。而失败的直接原因是品牌稀释。Keller（1993）认为，品牌稀释是指某品牌采取某种品牌行为后，所导致的消费者对品牌核心价值评定的降低。换句话说，即使品牌战略成功，新产品也会影响消费者对原企业的看法。杨晶等（2015）实验调查得出，品牌种类的相似度和品牌的匹配程度极大地影响着品牌稀释的作用，当品牌种类相似度低、品牌匹配度低，联合后都会使合伙品牌个性被显著稀释。因此，五芳斋在结束与迪士尼的品牌联合之后，若想继续品牌联合之路探究品牌活化，那么其在选择联合的企业和品牌时，不能简单从单维度去选择，而是应当综合考虑种类和品牌双标准，在此基础上谨慎选择，从而通过品牌联合加强原有的品牌个性。

对于其他企业而言，如果已经像五芳斋一样拥有长远眼光，进行品牌联合来促使品牌活化，那么在其未来发展过程中，也应当关注实时动态变化中所隐藏的品牌联合风险，尽量减少甚至避免风险，减少品牌活化的障碍。

（3）合理进行品牌延伸。老字号企业拥有丰富的品牌资产，其若能充分利用好这些品牌资产，将为其品牌延伸带来极大的帮助。品牌延伸可以为老品牌注入活力、防止客户流失、形成规模效益、降低成本等。但同时品牌延伸也存在风险，可能带来不良后果：使老字号品牌个性模糊、影响老字号品牌个性形象、容易引起老字号品牌内部纠纷等。因此，实施品牌延伸时一定要谨慎小心，强化品牌之间的联系、坚持质量监控、对品牌延伸做整体规划。

（4）扩大品牌地域影响范围。当前老字号品牌所面临的一个重大问题是：往往只在某一特定区域范围内具有较高的知名度，而在其他区域内知名度不高。例如，五芳斋在企业发源地浙江省嘉兴市家喻户晓，有着忠实的消费群体，但在其他地方品牌知名度低，消费者群体零散化。

此次品牌联合给了五芳斋一个契机，因为迪士尼在中国拥有广泛的地域影响范围和忠实的消费群体，五芳斋与迪士尼的联合，弥补了五芳斋品牌地域影响差异巨大的不足，使全国范围内的消费群体通过迪士尼了解到五芳斋这一品牌，使五芳斋快速地在不同区域扩大品牌影响力。

因此，老字号进行品牌联合应当在品牌高度匹配的基础上，谨慎地选择具有广泛知名度、影响力的品牌进行联合，充分利用联合品牌的影响力扩大市场，不断提高自身品牌知名度。

（5）不断更新品牌宣传策略。五芳斋原本陈旧、固定的宣传方式未能给其发展带来帮助，而与迪士尼进行品牌联合之后，其多样化的宣传渠道促使其品牌更快速、更便捷地被消费者认识，在年轻消费者群体中不断占据份额。

老字号品牌应克服"酒香不怕巷子深"的陈旧观念，加大品牌宣传力度。有效的品牌宣传可以促使产品顺利进入目标市场，并不断深化在消费者心中的品牌形象，提高品牌忠诚度。

（6）"内外兼备，由内向外"。五芳斋品牌活化比较独特的一点是内部人员活化。五芳斋通过让管理层内部的人员思想活化，促使其品牌由内向外不断活化。借鉴五芳斋品牌活化，其他老字号企业若想持久地维护品牌认知度、影响力、顾客忠诚度，就必须实现管理层内部的人员思想活化，通过培训、激励、领导、控制等，营造内部创新环境，促使品牌由内向外展现活力。

资料来源

［1］吴国峰．战略创业视角下中华老字号食品企业品牌延伸策略探析——基于嘉兴"五芳斋"个案分析［J］．浙江学刊，2015（3）.

［2］何佳讯，秦翕嫣，杨清云．创新还是怀旧？长期品牌"悖论"与老品牌市场细分取向——一项来自中国三城市的实证研究［J］．管理世界，2007（11）.

［3］陈振东．基于CBBE视角的品牌年轻化研究：以品牌个性和品牌忠诚为视角［J］．管理学报，2007（7）.

［4］戴维·阿克．管理品牌资产［M］．北京：机械工业出版社，2012.

［5］戴维·阿克．创建强势品牌（第一版）［M］．北京：中国劳动社会保障出版社，2004.

［6］陆娟，吴芳．品牌联合研究：综述与构想［J］．商业经济与管理，2009（3）.

［7］汤姆·布莱科勒，鲍勃·博德．品牌联合［M］．北京：中国铁道出

版社，2006.

[8] 贺爽爽. 跨界营销：互补与协同"双管齐下" [J]. 经营与管理，2017 (10).

[9] 吴水龙. 品牌激活策略研究：以"老字号"为例 [J]. 现代管理科学，2008 (1).

[10] 黄嘉涛. 扎根理论下跨界营销对品牌资产影响分析 [J]. 商业经济研究，2016 (1).

[11] 刘军. 整体网分析讲义 [M]. 上海：格致出版社，2009.

[12] 彭博，晁钢令. 中国传统老字号品牌激活研究 [J]. 现代管理科学，2012 (3).

[13] 杨晶，李先国，王小洋. 品牌联盟对合伙品牌个性的稀释作用研究 [J]. 中国软科学，2015 (10).

 经验借鉴

本篇从品牌活化及品牌老化的原因及其相应研究进行梳理，在此基础上对品牌联合——品牌活化的未来研究提出研究构想。围绕中华老字号品牌老化困局，通过消费者深度访谈、企业走访调查等手段，获取项目研究的基础数据。然后全方面地考察"五芳斋"与迪士尼品牌联合案例，来探讨品牌联合如何推动老字号品牌活化的机理、模式与绩效等方面工作。①导致品牌老化的三个原因：首先，产品与服务失去吸引力。主要有产品种类少、更新慢，产品样式过时，让消费者感觉很陈旧等问题。其次，消费群体青黄不接。主要问题有消费者的平均年龄偏高、品牌极少或不被年轻消费者所认知。最后，品牌传播守旧。存在问题有传播媒介选择错误、传播内容过时等。②影响品牌联合效应的关键因素可归纳为三个层面：合作品牌层面、联合匹配性层面以及消费者层面。③本案例的整个品牌联合、品牌活化作用机理如图 3-11 所示。

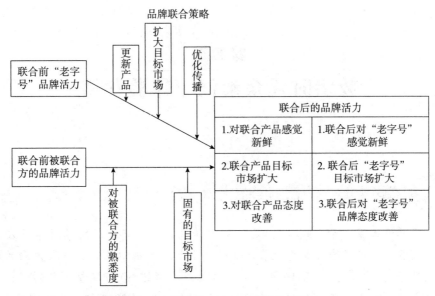

图 3-11　品牌联合—品牌活化作用机理

资料来源：本文研究整理。

 本篇启发思考题

1. 公司品牌形象采用什么方法测量？五芳斋以前的品牌形象是什么？

2. 如何看待品牌年轻化的战略意图？

3. 为什么选择与迪士尼跨界合作？采取了哪些合作方式？

4. 结合案例，梳理品牌年轻化机理。

5. 未来合作形式存在什么样的拓展空间？

第四篇
数字时代众泰汽车体验营销

 公司简介

众泰汽车成立于 2003 年，是一家以传统汽车整车、新能源汽车及发动机、模具、变速器等汽车关键零部件的研发制造为核心业务和发展方向的现代化民营企业集团。从 2016 年开始，众泰汽车迈进 30 万辆整车行列，并且实现年均 30% 的增长，在"十三五"规划末销量突破 80 万辆，产值突破 800 亿元。众泰 T600 作为众泰汽车明星车型，于 2013 年 12 月 22 日在成都正式上市，属于国产自主品牌 B 级 SUV。该车型的销售卖点是 6 个"No. 1"：国内售价 20 万元以内的乘用车第一款使用全景天窗的车型；同级别车型中第一个使用高科技倒车轨迹预想的国产车；2807 毫米轴距名列前茅；尚属先例真皮包覆内饰；119 千瓦、215 马力的发动机，百千米加速 9.76 秒排名第一；综合性价比排名第一。

案例梗概

本案例以众泰汽车 T600 为研究对象，分析了在体验经济的时代背景下，众泰汽车深刻领悟到在数字时代，汽车行业的营销不只是简单的社交媒体的几何叠加或低维组合，它是一个生态化的、以顾客体验为中心的信息价值链。首先，通过众泰汽车独具匠心推出的以众泰 T600 为主要营销对象的"众行天下"系列活动，分析众泰场景营销与数媒营销耦合发展的关键点，研究众泰 T600 体验营销组合策略；其次，借助体验营销 6E 理论剖析众泰体验营销策略的制定；最后，从线上数媒营销和线下门店体验视角对体验营销策略提出优化建议。

关键词：众泰汽车；体验营销；数字媒体

案例全文

一、众泰汽车发展历程

众泰汽车产品主要经历了两个阶段的发展。第一阶段（2003～2012 年）的发展战略：引进开发，集成创新，差异化市场。第二阶段（2012 年至今）的发展战略：自主研发，进军主流市场（见图 4-1）。2013～2016 年，众泰汽车年度销量稳步增长，累计销量突破 140 万辆。

众泰汽车产品十年跨越式发展　　　　　　　**众泰汽车** ZOTYE AUTO

第一阶段 2003~2012年 引进开发　集成创新　差异化市场	第二阶段 2012年至今 自主研发　进军主流市场
收购江南汽车进军乘用车领域。引进丰田特锐技术生产线，推出自主首款小型SUV众泰008系列，并恢复产销江南TT，形成差异化发展道路	在众泰汽车"一机两翼"的大战略下，众泰Z300、Z100、T600、Z500一批极富竞争力的产品陆续推出，众泰汽车已经实现技术自主开发和进入主流市场两大战略转型的升级

关键词：聚焦主流趋势；快速发展

关键词：进军乘用车；稳住脚跟

图 4-1　众泰汽车产品十年跨越式发展

资料来源：众泰汽车提供。

二、众泰汽车体验营销模式

为了顺应数字化时代的传播特点与消费转变，众泰汽车针对 T600 推出了独特的"众行中国"试驾活动。通过组建由国内主流汽车媒体、资深摄影师、超级试驾员组成的车队，驾驶众泰 T600，以严苛的道路和环境挑战来见证和展示众泰 T600 出色的"金牌品质"。同时，整体试驾活动充分利用数字媒体，

以影像及图文记录、发布、互动、反馈车队的所见、所闻、所思、所感以及对众泰 T600 车型深度的驾乘体验。"众行中国"是探索之旅，符合众泰 T600 行止有度、视野无疆的探索精神；"众行中国"也是文化之旅，探寻多元文化的异域风情，体验丰富多彩的民族风俗。

"众行中国"第一季主题为"再走丝绸之路，重现灿烂文化"。主题的选取高度契合 2013 年 9 月习近平同志在出访中亚和东南亚国家期间，提出的"一带一路"重大倡议。"一带一路"是"丝绸之路经济带"和"21 世纪海上丝绸之路"的合称。"一带一路"是新形势下中国推进对外合作的重要构想。因此，"众行中国"第一季十分巧妙地提升了自身的话题热度。

2014~2016 年，众泰 T600 开启了以"众行中国"为主题的"高原行""问茶之道"等六次长途路测体验，开创了汽车品牌体验营销的创新模式，不仅成为众泰 T600 品质检测的一种拉练，更是通过"一带一路"，带动不同区域的营销工作。而众泰 T600 在翻山越岭、长途奔袭中所体现出的卓越性能，也通过媒体和社会舆论的持续发酵，在消费人群中口口相传。

1. 感官营销策略组合

感官营销的诉求目标是打造知觉体验，包括视觉、听觉、触觉、味觉与嗅觉（见图 4-2）。感官营销可区分公司与产品、引发顾客购买动机与增加产品的附加价值等。在"众行中国"的七季试驾活动中，消费者不仅能切实体验到众泰 T600 的驾车感受，还能在自驾游的旅途中观赏到旅途绝妙的美景，品尝到地道的特色美食，呼吸到乡间清新的空气，聆听到夜晚宁静的天籁之声，同时还能让人们远离喧嚣嘈杂的城市，放松心情，减轻平时的工作压力。这种全方位的感官体验，可以让试驾员们心情愉悦、精神振奋，购买的欲望也进而被激发。

2. 情感营销策略组合

情感营销目标是创造情感体验。情感营销运作要了解什么刺激可以感染消费者，使消费者融入情景中。众泰 T600 通过"众行中国"试驾活动，培养了超级试驾员细腻、深刻、受益匪浅、释放心情的情感。

3. 思考营销策略组合

思考营销诉求的是智力，以创意的方式引起顾客的惊奇、兴趣，对问题集中或分散的思考，为顾客创造认知和解决问题的体验。在自驾游的试驾过程中，最能给消费者带来想象、联想、思考空间的就是消费者真真切切驾驶的汽车。

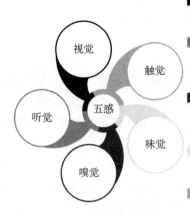

■ 视觉
目标：吸引注意力，获得关注度，并激发个人感受
策略：试驾者亲自驾车，充分发挥视觉效果

■ 听觉
目标：创造情感上的链接，引起消费者的情感共鸣
策略：在车内感受内置音箱播放下的音乐，在旅途中
感受大自然的音乐

■ 嗅觉
目标：由情感进一步扩展到大脑，为情感添加感知
上的趣味
策略：车内置有负离子空气净化系统和花粉过滤器

■ 味觉
目标：引发行为上的进一步投入
策略：试驾途中感受当地美食

■ 触觉
目标：跨越个人体验，对品牌的内涵产生更为广泛和
更为丰富的认知
策略：试驾者置身于车内，使消费者能够真切地感受
T600的质感和内容

图 4-2　众泰感官营销组合系统

4. 行动营销策略组合

行动营销的目标是互动。在"众行中国"中，首先，众泰通过在其官网上发布"预约试驾"的小窗，来吸引潜在消费者成为"众行中国"的试驾员；其次，"众行中国"的目的地也十分考究，如丝绸之路、高原行、问茶之道等均是与中国文化和自然风光有关的特色景点，而非商业化的地区，无形之中增添了旅行的意义；最后，旅行的结束并不是"众泰之行"的终点，试驾员们还撰写了各自的试驾旅行游记，刊登在"众行中国"的官网主页上。不仅如此，众泰汽车还特别邀请了汽车之家知名的论坛博主参与"众行中国"试驾游活动，并且知名试驾员会在汽车之家论坛刊登其旅行游记。此举不仅可以吸引这些知名论坛博主的"粉丝"关注"众行中国"系列活动，也可以让浏览众泰官网和汽车论坛的网友们进一步了解"众行中国"。

5. 关联营销策略组合

关联营销包含感官、情感、思考与行动营销等层面。关联营销通过让消费者与一个较广泛的社会系统产生关联，从而建立个人对某种品牌的偏好，进而形成一个群体。每一季"众行中国"的主题设计既指明路线，又隐喻文化和环境，同时关联众泰 T600 的性能，还塑造了品牌的"人格"特征。例如，第三季"问茶之道"以儒雅茶文化，探索一部车的沉稳、优雅与生活美学结合的可能性。

三、众泰汽车体验营销策略特点分析

1. 重要性

一方面，众泰汽车的体验营销策略符合自驾游爱好者的三个"度"。如今，自驾游以"时尚、自由、灵活"等特点成为国内消费者休闲旅游的"新热点"。一部高性能的自驾车辆往往有三个"度"：能够轻松收纳旅行中所需物品的"大度"，面对复杂路况时通过的"力度"，以及在长途驾驶中驾乘的"舒适度"。

众泰T600超越同级的驾乘和载物空间（344升容积）、4G63S4T 2.0T涡轮增压发动机、DCT双离合6速手自一体变速器，皮质包裹式设计、三款时尚动感的内饰颜色及质感的镀铬设计、全景电动可开启天窗，体现了众泰T600从细节上关怀驾乘者。

另一方面，打动现实车主和潜在消费者的品牌宣传。根据南方周末联合新华信开展的2014年度乘用车用户汽车消费行为调查（有效问卷23084份），在吸引消费者购车的厂商宣传方式中，"试乘试驾活动"（40.5%）和"销售人员介绍"（32.3%）最能打动被访者的心；其次是"话题营销"（16.4%）、"名人代言"（15.9%）、"热门综艺节目植入"（12.0%）等方式。

众泰T600"众行中国"试乘试驾活动可谓是深入人心，众泰汽车不仅为"众行中国"设计了专门的官方网站，还在网站上刊登了大量试驾旅行图片、知名论坛博主试驾图文日志等。此外，在"话题营销"和热门综艺节目植入方面，众泰T600通过央视广告、赞助《超级战队》进一步巩固提升了众泰汽车品牌影响力，通过大平台、大投入，努力实现从"制造众泰"迈向"品牌众泰"。同时，众泰汽车通过打造"众益行"公益事业平台，积极践行企业公民社会责任（见图4-3）。

图4-3 众泰事件营销图谱

资料来源：众泰汽车提供。

2. 接近性

越是心理上、利益上和地理上与受众接近，其新闻价值越大，接近性也就越高。众泰 T600 "众行中国"试驾体验活动，从第一季"丝绸之路"，到最后一站新疆行，不仅让试驾者们领略自然风光，同时通过驾驶众泰 T600，汽车的优越性能和驾驶乐趣真正融入试驾者的旅程中，接近了目标顾客，提高了用户对产品的美誉度，并在一定程度上营造了顾客忠诚。

3. 显著性

众泰 T600 在设计"众行中国"的自驾线路时高度融入了文化、历史、风景等话题要素。第一季"再走丝绸之路"成为众泰 T600 品质检测的一种拉练，众泰 T600 在"一带一路"翻山越岭、长途奔袭中体现出卓越的性能。同时，众泰汽车将车队一路的行进借助线上媒体，如汽车之家、搜狐汽车、太平洋汽车网、新华网、众泰官方网站及微信平台，与线下不同区域的营销工作进行互动，带动销售（见图 4-4）。

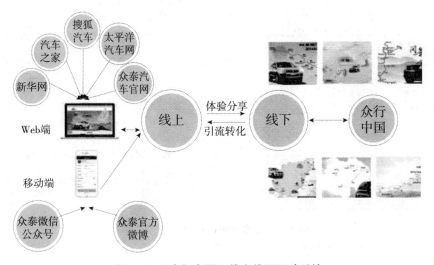

图 4-4　"众行中国"线上线下互动系统

资料来源：众泰汽车提供。

4. 趣味性

传统试驾时间短促（30 分钟以内）、空间有限（围绕 4S 店），而"众行中国"体验试驾活动则在趣味性上下足功夫。

首先，强烈参与感。消费者对糅合了自驾游的试驾活动积极性高，试驾意愿强烈，在活动官网填好个人信息，随后其个人资料会被提交至众泰厂商的授权经销商或汽车之家客服。其次，丰富内容感。被邀请参与试驾活动的超级试驾员不仅驾车翻山越岭，还品茶问道，领略异域风光，自驾节目丰满。最后，广泛传播度。"众行中国"七季试驾体验之旅均邀请了知名论坛博主参与，并通过数字媒体刊登了图文并茂的旅行日志，给潜在消费者提供了身临其境的体验。

四、基于顾客视角的 6E 组合评价

体验营销的目的是依靠客户参与事件来生产和让渡体验，所以体验营销组合应紧紧围绕着体验的生产和消费来建立。本文用体验营销 6E 组合从顾客视角对众泰汽车的体验营销策略进行评价（见图 4-5）。

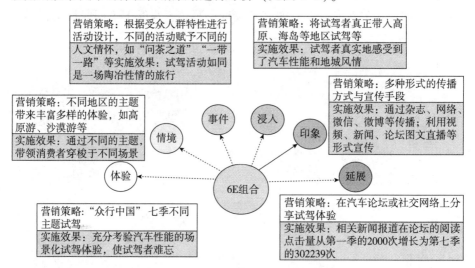

图 4-5 众泰汽车体验营销策略评价

资料来源：本文研究整理。

1. **体验效果评价——具有主题性的产品与线路开发**

首先，众泰"众行中国"试驾活动带给消费者的体验就是"由感官上升到情感再关联"的体验。试驾活动使消费者在亲身使用过程中，更清楚直观地了解了汽车的特点；同时，不同于常规试驾，它又是一种充分考验汽车性能的场景化试驾体验——众泰将试驾地点选在了青海、西藏等不同地区并冠以不同的主题，力图创造出不同的场景。这项独具特色的试驾体验活动使消

费者对企业以及车型都有了一个感性的认识。

其次，通过"众行中国"自驾游的体验方式建立起与顾客的情感维系。在众行中国的旅途中，众泰为试驾者做好了种种贴心周到的安排，包括规划路线、安排饮食和住宿、组织团队活动等，给试驾者留下了难忘的驾车体验，这无疑能吸引每个爱车爱生活的消费者。

2. 情境效果评价——具有亲和性的场景和平台营造

众泰通过"众行中国"系列试驾活动，通过不同的主题设计，带领消费者穿梭于不同场景之中。从第一季到第七季，分别让试驾者体验了再走"丝绸之路"，重现灿烂文化、高原行、"问茶之道"、海南风情、畅游青海、藏地密码和穿越罗布泊的场景。

试驾活动过程中，历经高山、丛林、泥沙等多种复杂地形，以及阴雨、霜冻等多种气候环境，对众泰 T600 性能进行长距离、多路况的综合测试，并且以翔实的影像和文字资料向全社会发声，彰显中国汽车自主品牌崛起之荣耀。

3. 事件效果评价——具有匹配性的兴趣和特别设计

为了实施好事件策略，"众行中国"在活动前进行了充分的消费者调研与活动定位准备。众泰 T600 的目标客户以男性为主，主要集中在 25~45 岁，购车用途为代步工具、节假日出游、与朋友聚会并参与自发性游玩，因而他们更加关注燃油经济性，在闲暇时享受驾驶乐趣，十分注重汽车的安全性。这些特性，都在"众行中国"的系列活动中得到充分体现：首先，"众行中国"的活动是探究汽车性能及试驾地文化之旅，不同于普通的试驾活动，它更像是一场自驾游活动，与消费者自发性游玩的需求相契合；其次，汽车的安全性、配置都可以通过在不同地区、不同路况下的试驾得以充分了解；最后，驾驶的乐趣也可以通过试驾者的感受有所参考。此外，每个季度的不同主题调动起试驾者的不同情绪，"一带一路"、"问茶之道"、探险。这些关键词是试驾活动事件的概括，也无一不吸引和刺激着试驾者的感官，使其充分感受到活动的特别设计。

4. 浸入效果评价——具有有效性的流程与活动开展

"众行中国"每一季试驾之旅都有独特的主题，通常会将试驾地区的地域特色与时下热点有所联系。例如，第七季主题为"勇闯罗布泊"，众泰 T600 运动型 SUV 驶入无人区，使热爱运动和冒险的自驾游爱好者充分地融入其中。

5. 印象效果评价——具有传播性的媒介和平台选择

众泰运用了多种形式的传播方式与宣传手段。首先邀请记者、媒体试驾，将试驾日志通过连载的形式发布在汽车论坛、社交网络或是相关的微信公众号上，每日更新、图文并茂，吸引许多汽车爱好者。数字时代，网友可以在汽车之家、太平洋汽车等各大国内大型汽车论坛上搜索到"众行中国"的相关试驾体验日志，也可以通过手机登录社交网络浏览超级试驾员的试驾体验。此外，最新一季的"勇闯罗布泊"更是拍摄制作了活动短片发布在网络上，以旅游纪录片的形式将沿途风貌、汽车性能、驾驶感受记录下来，观赏性更强。

6. 延展效果评价——具有时空性的营销与客户保持

2014 年开始，"众行中国"活动以消费者体验为首要出发点，在不同属地、环境进行试驾体验，纵横中国画出完美版图。试驾结束后，参与体验的消费者或媒体纷纷在汽车论坛或社交网络上分享试驾体验，将自己的感受传播给数以万计的读者。可见"众行中国"活动无论从时间上，还是地点传播对象上，都做了很好的延展。

五、众泰汽车体验营销策略优化

本案例选取了一项极富数字传播、体验精神、人文情怀的重走"丝绸之路"的众泰汽车试驾活动进行分析，因为一方面这是国产汽车自主品牌"数媒+"的全生态设计：借助数字媒体打造线上线下互动系统，打造体检营销的生态价值链；另一方面这又是国产汽车自主品牌"体验+"的全场景营造：借助实体场景的驾驶向受众展示全方位的驾驶体验，让受众仿佛身临其境地感受汽车性能；更为精妙的是，这还是国产汽车自主品牌"文化+"的全品牌塑造：响应"一带一路"倡议，众泰 T600 重走古"丝绸之路"，彰显中国汽车自主品牌崛起之荣耀。"一泰一路"巧妙地将线下场景化营销与线上多媒体营销相融合，实现了线下实时记录，线上数字媒体同步更新；知名论坛博主参与，知名汽车论坛刊登旅行日志，营造了地空联动、全网营销的盛况，体现了众泰汽车在数字时代顺应浪潮建立了数媒口碑体系。

1. 线上数媒营销优化方案

首先，巧妙借助新媒体"大 V"。J. D. Power 亚太公司研究部门表示："新媒体的便利性及影响力填补了汽车消费者趋于碎片化的时间。如何依托新媒体的黏性来提升消费者的依赖性和忠诚度，如何利用线上、线下的营销组合模式来促进销售并获得盈利，将成为汽车厂商和市场营销人员需要重点思考的方向。"

自媒体是购车者使用最频繁的新媒体渠道（平均每月33次）（见图4-6)，其对于购买决策的影响力相对逐步增加，增加速度在3%以上，"80后"人群购车者乐于与他人分享购买信息，特别是通过自媒体（33%)。他们分享的内容有69%都是正面的，这种病毒式的口碑传播会对消费者的购车偏好产生积极的作用。

其次，利用百度这个搜索引擎做推广也是企业做好线上宣传的一种途径。其一，借助百度竞价推广，提高网络营销服务。众泰汽车借助百度超过80%中国搜索引擎市场份额和60万家联盟网站，打造了连接亿万网民和众泰汽车的供需平台，让有购车需求的人最便捷地找到适合自己的产品和服务。其二，通过搜索引擎优化提高关键词排名，吸引精准用户进入网站，产生直接销售或品牌推广。众泰可选择百度自身的产品（百度知道、百度百科等）作为车型推广的承载，相当于站在了巨人的肩膀上，利用百度自身产品的高权重性及排名靠前等优势宣传各车型，增加产品在百度平台的曝光量。

再次，对众泰官网优化（见图4-7)。对于垂直、门户类网站维护投放为重中之重，对此众泰可以在维护方面做好之余，加大广告投放的力度。

另外，强化互联网营销。网销平台即收集销售线索平台，全互联网最大的汽车网销平台为汽车之家与易车网。在2016年众泰收集了135.5万条线索的基础上，2017年销量线索目标将突破200万条，目标成交转化率将从3.5%提升至5%。互联网产品类全年文章的点击率将突破2亿次。众泰还在各汽车类垂直类网站举行相关营销活动、收集销售线索、推出数款明星车型，为全国经销商提供丰富的销售线索。

最后，强化推进事件营销计划。2017年众泰在全国各地举办多场新车全国上市活动，在全国上市活动后组织经销商进行覆盖式分站上市活动；众泰活跃在国际车展以及各类车展的舞台上，带来更加广泛的曝光。

2. 线下门店体验优化方案

在体验营销的实施过程中，体验实际上就是由每一个接触点的体验积累、叠加和延展。良好的体验将带来良好的满意度，进而建立对品牌的忠诚，由此看来，接触点在体验营销中是将理念落到实处的环节。

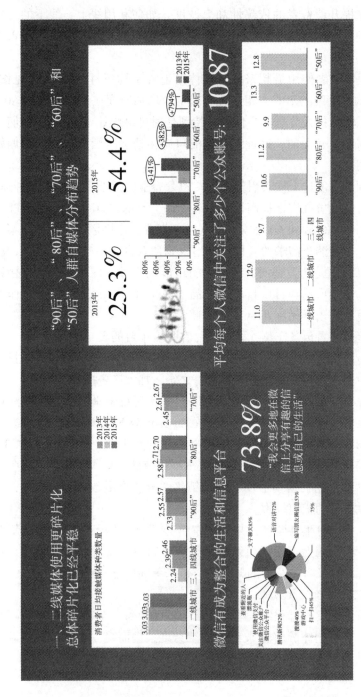

图4-6 新媒体影响力趋势

资料来源：本文研究整理。

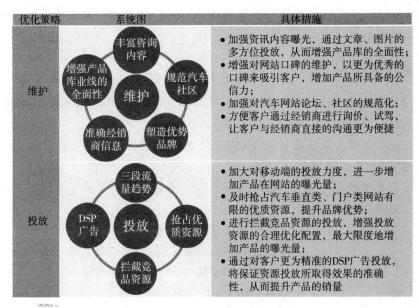

图 4-7　众泰官网优化策略

资料来源：本文研究整理。

　　线下门店的体验营销在实施过程中，从顾客踏入店门的那一刻就开始了。顾客在与企业接触的过程中，每一个接触点的确定、设计和管理在顾客体验中都至关重要。在什么时间、什么地点、什么环节中给消费者提供什么样的商品和服务是营销人员要研究的内容。具体思路和方法如下：

　　第一步：了解尽可能多的接触点。展示试驾者在 T600 内行驶过程中影响试驾者行为和心理学的各类接触途径。建议从试驾者在汽车论坛发表的心得入手。

　　第二步：确定关键接触点。通过问卷调查找出诱发试驾者产生消费动机和影响消费行为的因素，再通过深入访谈确认大部分人所记得的重要接触点。

　　第三步：制定体验触点的接触方式与标准。通过有效接触点和关键触点向顾客传递信息并提供服务，同时考虑哪些触点可以传达额外的信息。基于体验营销理论的五个模块（感官、情感、思考、行动、关联），众泰 T600 营销的三个渠道（活动、车展、门店），T600 体验营销的三个阶段（体验前、体验中、体验后），将这三部分内容组合，交叉点即是体验触点。再结合问卷调查根据试驾者对 T600 看重、在意和期望的部分选出十个关键体验触点，在其对应的体验要素框架下做一些细节设计，以期增强消费者在这些关键体验触点的体验价值。

资料来源

［1］Bernd Schmitt. Experiential Marketing ［J］. Marketing Management, 1999（15）：27–29.

［2］刘方歆.体验营销在汽车销售中的应用研究［J］.现代营销（下月刊），2018（3）：63–65.

［3］郭西雅.体验营销理念在汽车销售体系中的应用研究［J］.生产力研究，2010（3）：210–211.

［4］杨学成，徐秀秀，陶晓波.基于体验营销的价值共创机理研究——以汽车行业为例［J］.管理评论，2016，28（5）：232–240.

［5］汤明妍，李思瑶.品牌传播策略中的体验式营销法——以汽车媒体试驾活动为例［J］.现代经济，2017（7）：365.

 经验借鉴

本案例深入研究了众泰汽车 T600"众行中国"试驾活动，探寻众泰汽车场景营销与数媒营销耦合发展的关键点，研究众泰 T600 体验营销组合策略，进而利用体验营销 6E 组合开展活动评价。众泰汽车 T600 体验营销策略优化，主要从线上数字媒体和线下门店体验开展。主要经验：①线上数媒优化。通过巧妙借助新媒体"大V"，百度搜索推广，众泰官网优化，强化互联网营销，强化推进事件营销计划的方法。自媒体是购车者使用最频繁的新媒体渠道，其对于购买决策的影响力相对逐步增加，口碑传播会对消费者的购车偏好产生积极的作用。②线下门店体验。了解尽可能多的接触点，展示试驾者在 T600 内行驶过程中影响试驾者行为和心理学的各类接触途径，建议从试驾者在汽车论坛发表的心得入手。另外，确定关键接触点。通过问卷调查找出诱发试驾者产生消费动机和影响消费行为的因素，再通过深入访谈确认大部分人所记得的重要接触点。制定体验触点的接触方式与标准。通过有效接触点和关键触点向顾客传递信息，并提供服务，同时考虑哪些触点可以传达额外的信息。基于体验营销理论的五个模块，众泰 T600 营销的三个渠道（活动、车展、门店），T600 体验营销的三个阶段（体验前、体验中、体验后），将这三部分内容组合，交叉点即是体验触点。再结合问卷调查根据试驾者对T600看重、在意和期望的部分选出十个关键体验触点，在其对应的体验要素框架下做一些细节设计，以期增强消费者在这些关键体验触点的体验价值。

本篇启发思考题

1. 数字时代对汽车体验营销策略有何影响？
2. 在数字时代下，传统汽车营销策略需要何种转变？
3. 众泰体验营销策略有何特点？
4. 基于众泰体验营销策略，对国产汽车营销模式有何借鉴作用？
5. 众泰体验营销策略如何优化？

第五篇

云端上的价值蜕变：
畲森山的华丽转型和商业模式创新

公司简介

　　丽水一山绿色实业有限公司（以下简称丽水一山）成立于 2009 年，是上海光大证券生态产业基金的投资企业，主要经营项目有：农产品仓储（冷藏、保鲜）、农产品冷链运输，蔬菜种植、食用农产品收购、配送销售，农产品电子商务等。公司积极贯彻"青山就是金山银山"的发展理念，循着绿色生态之路，打磨出"畲森山景宁 600"的生态招牌。站在新起点，公司致力于发展绿色生态产业，从生产、加工、包装、销售、配送实现"一条龙"服务，并为客户提供住宿、餐饮、购物、旅游、体验于一体的综合服务平台，真正实现让畲乡产品"走出去"，让会员客户走进来的生态农业供给侧服务。丽水一山通过质量管理体系认证，现为国家综合服务型 AA 级物流企业，获浙江省电子商务百强企业浙江省电子商务和物流协同发展十强企业、浙江省"守合同重信用"AAA 级企业、浙江省商贸流通业诚信示范企业、浙江省企业信用等级 A 级企业、丽水市市级物流重点龙头企业以及丽水市重点农业龙头企业。

案例梗概

　　本案例描述了丽水一山如何确立新的产业定位，探索有效的农业产业发展路径。社会公众对农业及农产品的需求日益多样化、优质化、多功能化，农产品食品安全及质量问题被越来越多的人所重视，丽水一山将此作为转型契机，依托丽水优良的生态环境与资源优势，构建和谐人地关系，从一个单一的蔬菜运输配送公司转型为综合新型农业产业公司，逐步实现"云端上"的价值蜕变。畲森山是丽水一山创建的网上商城，畲森山模式是非常典型的为降低成本而拓展开发前后端供应链的案例。本文着重分析丽水—山的"两次转型，三种模式"，从蜕变的过程中提炼出转型的价值与借鉴意义，并归纳总结出其在转型过程中的优势与不足，助力公司发展，实现云端上的价值升级。

关键词： 农业；畲森山模式；转型升级

 案例全文

一、公司发展历程

1. 由"物流冷链模式"到"生态物流模式"

自 2003 年以来，公司积极发挥自身的物流配送优势并结合景宁县的生态环境优势，以"蔬菜基地+订单种植+产品包装+连锁销售+产品配送"的新型模式开展生产经营，同时注册了"畲森山"商标品牌，实现了绿色高山蔬菜标准化生产、规模化种植、品牌化销售"一条龙"服务，完成了第一次转型。

2. 由"生态物流模式"到"云生态互联网模式"

在创新驱动与经济全球化的背景下，丽水一山公司基于大数据分析，运用互联网构建自己的线上商城 APP，并贯彻"精致农业"理论，形成以"畲乡生态"为主题的社群。在发展生态农产品的同时，也利用互联网构建畲族旅游平台以吸引更多的游客，实现第二次的转型升级。

二、运营模式简介

1. 建立自有基地，保障产品质量

公司在沙湾叶桥海拔 600 米以上的高山建有绿色蔬菜核心示范种植基地 300 亩，利用现代技术带动农户采用"古法"耕种（见图 5-1）。通过统一种苗、统一标准、统一管理、统一包装、统一销售的"五统一"模式带动 3000 多农户发展蔬菜种植产业，走出了"订单农业"助农致富的第一步，从根本上解决高山蔬菜销售难的问题，开辟了山区经济发展新渠道。

2. 创新销售模式，开拓销售市场

（1）电子商务销售。公司抓住近年来新兴的电商、网商商机，开设了畲

图 5-1　畲森山种植基地

资料来源：丽水一山有限公司提供。

森山商城，同时，还在淘宝商城、微商城、手机 APP、丰收购商城等平台开设了店铺。畲森山商城以销售景宁县的高山特色农产品为主，同时将畲乡旅游景点、景宁住宿餐饮等信息融合到商城中。畲森山商城集吃、住、行、购"一站式"服务的公共信息服务平台。通过电子商城的推广和宣传，成功地让大山的农产品走进大城市。

（2）杭州定点销售。2015 年来，公司与吉利控股集团、物产集团、娃哈哈集团等 10 余家企事业单位达成合作协议，定点在各大单位开展销售活动。通过和单位的合作，成功打开了杭州市场的销售渠道，并通过单位人员的口碑宣传，迅速在杭州市场形成知名度，为杭州市场的拓展奠定了基础。

（3）自助售卖机销售。为适应不断适应杭州市场的需求，公司于 2017 年推出"景宁 600"产品自助售卖机，在杭州合作单位及高端社区设立自助售卖点。客户既可以直接在售卖机上自助选择喜爱的产品，也可以在畲森山网上商城订购，隔天到自助售卖机上取货。自助售卖机不但在一定程度上节省了人力、物力的费用，而且还成为"景宁 600"品牌的宣传栏，有效地提升"景宁 600"的品牌知名度。

3. 专业物流配送，提升服务质量

公司设有专业的冷链物流车队、标准的冷藏中心和蔬菜筛选包装车间，采摘后第一时间通过专业的冷链运输车队从田间运送至配送中心，严格检测入库，精心包装存储。根据销售订单配货装箱，通过公司专业的物流团队和第三方速运公司配送，确保安全新鲜的蔬菜及时从田间送达客户餐桌。

4. 引入资金流，助推企业发展

公司先进的经营理念、朝阳的产业前景深受资本投资企业青睐，2017 年 8 月成功与光大生态壹号投资管理中心签订合作协议。通过合作，一是解决企业资金问题；二是给企业带来了先进的管理模式，如光大资本基金项目组的财务、业务、法务等管理模式；三是公司的治理结构、内控制度、财务制度、股权激励等全方位得到整改和完善，把散、小、乱、杂的不规范公司整改为现在的规范性符合现代企业标准的正规公司，为公司加快发展壮大起到关键作用。从此公司发展跨上了新台阶。

三、畲森山模式简介

供应链是围绕核心企业，从配套零件开始到制成中间产品及最终产品，最后由销售网络把产品送到消费者手中的一个由供应商、制造商、分销商直到最终用户所连成的整体功能网链结构。供应链的概念是从扩大生产（Extended Production）概念发展而来的，它将企业的生产活动进行了前伸和后延。在日本丰田公司的精益协作方式中就将供应商的活动视为生产活动的有机组成部分而加以控制和协调。

如图 5-2 所示，畲森山模式充分体现了供应链拓展的概念，并且其在前端供应商和后端消费者渠道的拓展上做了非常大的互联网思维创新。它不但整合利用了当地原有被闲置的高山山地资源和当地山民的劳动力资源，还在后端销售渠道充分使用了互联网新零售的多渠道营销手段，创造了极大的社会价值，并且开辟了一条企业绿色发展、振兴乡村致富的新道路。

1. 运营社群的理念

（1）社群成为新零售的重要触点。社群提供的一个重要价值在于"找到人"。新零售强调数据，强调以用户为中心，通过数据形成更完整的用户画像，从而更精准地"找到人"。商家在供给侧对产品、用户画像进行标签化管理，通过寻找、连接标签匹配度更高的社群，更好地发现、满足用户需求。而畲森山的云生态互联网模式，想要构建的是"推崇绿色生态，助力畲乡文化"的这样一个社群。

社群提供的一个重要价值在于"找对货"。今天，消费者的认知环境是

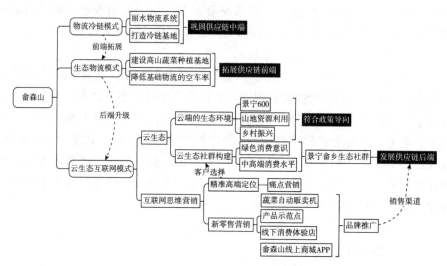

图 5-2 供应链拓展应用于畲森山模式

资料来源：本文研究整理。

"信息过载"，消费者的消费环境是"供大于求"。特别是越来越多的新品牌、新产品、新服务进入了消费市场，消费者在消费端同时面临认知挑战和选择焦虑。社群的存在可以帮助消费者跨越认知挑战，挖掘新的消费需求；在持续性的消费中，社群的经验共享可以减少选择误区。

（2）社群是新零售的核心经营对象。社群具有商业社会所必需的稀缺品：信任（见图 5-3）。社群具备"自迭代"的能力，以信任螺旋的方式累积稀缺的社会资本。个体在连接中创造互动，社群中的互动增进信任，信任的增长促进交易的增长，交易反过来又是互动的一种表现形式，由此信任螺旋上升。按美国社会学家弗朗西斯-福山的说法，由此将累积更多的"社会资本"，而"社会资本"是社会和经济发展的重要因素。

新零售的数据手段可以完整地记录、沉淀"社群"运营过程中的所累积的"社会资本"，进而创造、创新出服务于社群零售的新产品、新服务。云集、拼多多、"大 V"店等社群零售平台的成长速度很快，社群数量、交易额增长、复购率等指标让电商同行感到惊讶，我们看到了"信任螺旋"释放出的作用。

畲森山在整个社群构建中，第一步通过用户实地考察环境、感受产品等方式，建立对企业产品的信任；第二步持续经营已有初步口碑宣传能力的用

稀缺的最贵，对手进入的成本更高

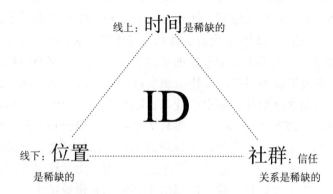

图5-3 未来零售的三维立体网络

资料来源：本文研究整理。

户，进行二次传播；第三步用信任机制将潜在用户圈起来成为一个社群，通过沉淀数据，提炼需求，从而做好服务。

2. 目标客户的瞄准

畲森山商城精准定位高端消费人群，选择有绿色消费意识和有中高端消费水平的客户人群，构建云生态理念的消费社群。

公司利用物流配送优势，顺势推出"畲森山"高山绿色无公害蔬菜种植、销售、配送"一条龙"服务。

公司将目标客户定位在公职人员，该人群有稳定较高的消费能力，并且对绿色环保高山蔬菜非常感兴趣。因此，畲森山采取了精准定位营销，高端定制配送的模式，开拓维系了5043个客户，每位客户收取8000元一年的畲森山会员费，为其家庭每周固定配送当季时蔬。

四、物流冷链模式

1. 物流产业的起源

物流是包括运输、搬运、储存、保管、包装、装卸、流通加工和物流信息处理等基本功能在内的，由供应地流向接受地以满足社会需求的一种经济活动。在物流基础上形成的物流产业是融合运输业、仓储业、货代业和信息业等的复合型服务产业，在促进产业结构调整、转变经济发展方式和增强国民经济竞争力等方面发挥着重要作用。

景宁是丽水下属的一个县。丽水位于浙江省西南部，地势以中山、丘陵为主，地势由西南向东北倾斜。丽水市土地面积 17298 平方千米，其中山地占 88.42%，耕地占 5.52%，溪流、道路、村庄等占 6.06%，是个"九山半水半分田"的地区。由于多山少平原的地形影响，当地的交通运输难度大、成本高，运输业发展较为困难。支持由丽水市中心向丽水县各地区运输的物流公司现主要有丽水市德邦、丽水市佳吉、丽水市华宇物流公司和丽水市鸿发物流公司四家，缺乏"三通一达"等较大的物流运输公司支持。而景宁地处于丽水西南部中山地区，占据丽水地形的高点，山地环绕，交通运输颇为闭塞。随着经济的发展，物流运输的需求逐渐增加，而物流匮乏的弊端也逐渐显现。面对政策的导向和支持，广阔的市场需求和稀缺的市场主体，畲森山商城开始发展物流业务。

在萌生经营物流业的想法后，畲森山商城承接了中通快递在景宁地区的业务经营权，承包了该地区大小宗的运输业务，于 2009 年 9 月 25 日在景宁畲族自治县工商行政管理局注册成立了浙江景宁畲乡物流有限公司（以下简称畲乡物流），主要经营普通货运、物流配送与仓储、蔬菜种植、食用农产品收购、配送销售等业务。该物流公司的成立，加快完善了该县快递物流的网络建设步伐，建立了一体化物流专业经营体系，充分发挥营销、仓储、配送一体化的运作模式，使景宁地区有一套单元统一、完善的物流运输体系。物流公司的成立使畲森山商城有较为可观的收益和较好的发展前景。

2. 冷链物流的缔始

畲族以农业火耕而得名，景宁地区作为全国唯一的畲族自治县，集中了大量的畲族人口，由于其地处中山地区，悠久的历史承袭和地形地貌的因素影响使当地的农业发展较为突出，每年的农产品产出量大。在当地的经济发展中，由于农业占比大，其往来运输业务中蔬果等生鲜类所占据的比重也较大。由于有着运输需求的农产品往往对于时效性和新鲜度有很高的要求，而地处中高海拔、山地地形的景宁却丧失了在运输速度上快捷的优势，因此，此时农产品的保鲜和低温的技术变得尤为重要。畲森山商城基于市场的需求以及公司业务局限的现状，开始建立物流冷链系统，通过打造景宁地区的冷链基地和承接景宁大小宗的物流业务，来满足企业的盈利需要和当地经济的发展需求。

冷链物流泛指冷藏冷冻类物品在生产、贮藏运输、销售到消费前的各个环节中始终处于规定的低温环境下，以保证物品质量和性能的一项系统工程。在冷链物流系统的仓储、运输、销售等各个环节中，冷藏技术和运输非常重要，国内的冷链物流产业存在很大的发展空间，着重体现在速冻、水果蔬菜等产品的储藏和运输上。冷链物流流程如图 5-4 所示。

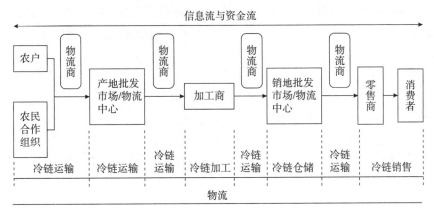

图 5-4　冷链物流流程

资料来源：开商网。

2018 年 6 月，景宁畲乡现代农产品冷链物流中心项目主体工程全部结顶，比预定计划提前了两个月。该项目距离云景高速景宁收费站 500 米，总占地面积 11998.06 平方米，建筑面积 21567.09 平方米，总投资 7203 万元。畲乡现代农产品冷链物流中心不仅是景宁的扩大有效投资项目，也是交通运输行业的重点项目。项目建成后，不仅能够满足丽水一山绿色实业有限公司旗下"畲森山"品牌生态精品农产品的冷藏、加工、包装、配送等需求，还能为全县 600 家产品经营企业提供农产品冷藏服务，填补了该县生态精品农产品无专业冷藏仓储场所的历史空白。

五、生态物流模式

物流运输带来的高额收益让畲森山商城开始思考更加多元的盈利点。在企业的新模式探索中，畲森山商城利用景宁得天独厚的农业基础，开始了打造高山精品农产品品牌的征程。由于农产品的出售往往对于时效性和新鲜度有很高的要求，地处中高海拔的景宁，农产品很难跨越时间和距离的限制，丧失了对外地大中小城市出售的大好市场机遇。同时，当地的农民保鲜技术和冷藏设备有限，这两个主要因素使景宁地区的农产品大量滞销。畲森山商城的高层们基于景宁地区农业受阻的现状，为追求更多元、更独特的业务，他们意识到，如若向价值链的前端进行拓展，将农产品的生产和培育也归入企业的业务领域范围内，则可以打通生产和运输，将自家高山农产品以物流冷链的方式高效迅速地运输出去，既满足企业的盈利需要，又助推当地经济的发展，实现双向共赢。基于此，畲森山商城开始思索改变原来的生产模式，开始寻求一种"农产品+物流"的生态物流模式。

2013 年来，畲乡物流在沙湾镇叶桥村建立了绿色高山蔬菜种植基地，以此进行后向一体化的拓展，通过"蔬菜基地+收购网点+加工包装+产品销售+产品配送"的新型农村物流模式，带动农民种植高山绿色蔬菜 5000 多亩，实现了畲乡特色生态农产品从选种、种植、收购、加工、包装、销售、配送的一体化发展。为了提高生态效益，降低各个环节资源的空置和浪费，企业在降低基础物流的空车率上也做了大量工作。

1. 建设生态农业基地

（1）畲森山高山蔬菜种植基地。畲森山高山蔬菜种植基地位于中国长寿之乡，全国生态名县——景宁，属瓯江上游小溪峡谷地带，海拔在 700～1200 米的沙湾镇叶桥村，基地面积 300 亩，带动周边农户可种植面积达 5000 多亩。基地位于海拔 740 米以上的高山地区，这里山峦起伏，沟壑纵横，光照充足，雨水充沛，气候湿润，土壤肥沃，周边植被良好，没有工业"三废"污染，产地环境被称为"天然氧吧""养生福地"，大气、农灌水、土壤条件均符合绿色食品生产标准的要求。基地农产品的生产、种植过程严格执行国家绿色食品种植规程，一律实行应季种植，产品从选种、育苗、栽培、施肥、采摘到运输全过程实行标准化操作，并遵循自然生长规律，结合当地畲民原始的古法种植方法，所产出的产品绿色天然、安全健康。基地早晚温差大和日照时间长为农产品的生长提供了充分优势。由于温差大，农作物吸收的养分多，所以产出的农产品产量高、品质好。

畲森山高山蔬菜采用轮作、套种等多种种植方式，采用农家有机肥发酵种植，种植紫雄英为基肥，使用草木灰和堆肥科学施肥，采用太阳能杀虫灯物理杀虫，不使用任何化学除草剂来除草杀虫。公司引进 CL-F2000 残留农药测定仪，参照世界卫生组织（WHO）、世界粮农组织（FAO）的残留农药检测标准，严格按照国家绿色食品标准，针对蔬菜成品进行自检，杜绝一切不合格产品。经过第一轮质检后，所有产品还会进行专业检测机构的第二次质检，保证流入蔬菜均为健康蔬菜。

（2）畲森山绿色高山农产品。畲森山公司拥有自有基地 5000 多亩，种植蔬菜品种达 50 余种。除蔬菜外，还供应各种生鲜蔬果、生禽肉类、中药食材等。通过"以地养地""物理杀虫""三年一换"等方式进行精耕细作，在丽水市农业局组织的"十佳高山生态精品蔬菜"评选活动中，畲乡物流特色农产品配送中心选送的三种高山蔬菜样品分别获得"十佳高山生态精品四季豆"和"十佳高山生态精品茄子"两个称号，高山绿色农产品的品质十分优良。

2. 降低基础物流的空车率

农产品物流是物流业的一个分支，是从生产者到消费者之间的物理性流动，它以农业产出物为对象，通过农产品产后加工、包装、储存、运输和配送等物流环节，使农产品保值增值，最终送到消费者手中的活动。农产品物流的发展目标是增加提高农产品附加值，节约流通费用，提高流通效率，降低不必要的损耗，从某种程度上规避市场风险。由于畲森山商城农产品的主要消费群体在城市，因此其物流运输的方向主要是从农村（景宁畲族自治县）到各大中型城市。畲森山商城通过多种手段致力于提高农产品基础物流的空车率，促进生态物流模式的完善。

（1）打通农产品流通渠道。我国大多数地区的农产品流通还处在时间长、消耗大、效率低、效益差的低层次上，流通渠道不畅，物流缓慢，相当一部分新鲜产品由于运价、运力、交通基础状况和产品保鲜技术原因而损失巨大。畲森山商城通过制定标准与农户合作、定向回购农产品、定点收购农产品等手段，改善农产品流通渠道单一的问题，降低损失率。

（2）完善物流冷链等设施建设。目前我国农产品仍以常温物流或自然物流为主，在整个农产品物流链条上，未经加工的鲜销农产品占了绝大部分，很容易腐烂、变质。畲森山商城的自有冷链物流，保证农产品批发、仓储、交通运输等环节的时效，最大限度地利用资源，降低不必要的物流成本。

六、云生态

1. 云端的生态环境

（1）丽水生态精品农业布局特点。丽水作为秀山丽水，浙江绿谷，是华东地区的天然氧吧，生态环境一直居于全国首位。丽水境内地势高低显著，形成光、热、水、温既具有水平的地域性差异，又有显著的垂直差异，山地小气候丰富，为蔬菜生产创造了不可多得的有利条件和不可替代的天然特质，所生产的蔬菜产品质量上乘、口感上佳、季节异化，深受消费者青睐。丽水充分利用其立体气候优势，走出一条反季节生产和错时错位差异化发展之路，精心打造长三角地区居民的后"菜园子"。全市蔬菜播种面积73.4万亩，总产量133.6万吨，其中年外调蔬菜60多万吨，形成了豆类蔬菜、水生蔬菜、甘蓝类蔬菜、瓜果类蔬菜等山地特色优势产品。

（2）政府支持生态精品农产品的营销。从依托生态环境优势，策划"一县一品"的生态农产品的品牌体系，到对"三品"（国家级无公害、绿色、有机农产品）认证制定专门的奖励制度。丽水的生态农业发展呈蓬勃之势，产业化水平也不断提升。

2014年，丽水市政府推出了"丽水山耕"这一地级市农产品区域公关品牌，它是全国首个覆盖全区域、全品类、全产业的地级市农业区域公用品牌。2017年品牌产品销售已超60亿元，出口增长同样形势喜人。截至2017年11月，累计出口377批，818.35万美元，批次增长171.22%，货值增长146.59%。

（3）畲森山助力"景宁600"。"景宁600"品牌是为全县海拔600米以上生态食材搭建的一个产销一体化的服务平台，用于提升农产品品牌整体影响力、公信力和溢价能力。海拔600米是影响景宁县农产品品质的一条自然地理分界线，海拔600米以区域光照充足，昼夜温差大，处在山地迎风坡的降水地带，雨水充沛。景宁县生产的高山蔬菜、水果等农产品，因独特的高山小气候的影响，无论是品质、口感还是安全性都比低海拔地区的农产品更好。同时，海拔600米也是一条独具畲乡特色的人文地理分界线，县域内畲族同胞大多也生活在海拔600米以上的山区，从事着古法农耕生活，独特的自然环境孕育了富有鲜明地方特色的风土人情。基于以上因素，景宁县提出打造"景宁600"区域公共品牌，以创建区域品牌化推进农业供给侧结构性改革，将景宁县打造成为长三角地区高端绿色农产品的供应基地，推动农产品溢价销售，从而实现富农增收。

第一，利用大棚种植技术对抗薄弱的农业基础设施。景宁县农业基础设施较为薄弱，对抗自然灾害能力不强，靠天吃饭的局面一时难以改变，农业生产经营主体品牌意识较为薄弱，对品牌建设的积极主动性不高。畲森山商城一直致力于改变这种现状，很早便使用大棚种植技术，将培育好的种子幼苗栽种到大棚中去。

第二，构建新型销售平台对抗销售渠道单一，营销手段落后。目前，景宁县农产品销售主要采用零售批发的形式，由于实力有限，营销手段相对落后。在"互联网+"的时代背景下，畲森山商城在原有的较为完善的仓储基础上，大力建设农产品线上平台，并努力构建线下展示中心。另外，畲森山商城积极构建链接城市居民消费群的现代销售平台和渠道，形成销售体系，重点支持建设冷库、购置冷冻车，在目标城市建设"景宁600"门店以及摆设"景宁600"自动售卖机、建设自营网站及APP，利用网络技术手段开辟一条通往外界的营销新渠道。

第三，积极推动品牌建设，提高品牌核心竞争力。农产品加工主要是初级产品加工，与发达地区相比，加工转化率低、产业链短，缺乏大而强的龙头企业和知名品牌带动，抑制了景宁县农产品市场竞争力和农业附加值的提高。畲森山商城立足于"景宁600"宣传品牌推广，积极投身于各类展销会、博览会，深度打造品牌内在价值。

2. 云生态社群构建

（1）社群营销下畲森山商城的STP策略。

1）市场细分。目前用户需求呈现多样化，消费者对瓜果蔬菜提出了更为精细的要求，所以根据不同标准对客户群体进行细分，针对其不同的需求和行为进行销售和服务十分重要。畲森山商城应该从地理因素、人口因素、心理因素等考虑进行市场细分。

地理因素——按照区域经济发展水平划分：①一线城市消费者（北京、上海、广州等）：在经济发展速度极快的一线大城市，居民收入高，对瓜果蔬菜质量与安全、新鲜程度、营养价值都有十分高的要求，对价格的敏感程度相对低，他们会刻意寻找优质的食材进行购买。在高新科技园、市中心、行政大楼、创业园等蕴含着无限的消费者，如果在这些城区、商业中心、办公大楼进行分销，具有良好的效果。②二线城市（杭州、南京等）：二线城市经济发展速度比较快，居民收入相对较高，对瓜果蔬菜比较挑剔，对价格敏感程度较低。③三、四线城市（丽水市等）：消费者十分注重瓜果蔬菜的性价比，以物美价廉为主要标准，食材质量既要好，价格也要相对合理，他们一般会货比三家、精挑细选，偶尔会产生对高价瓜果蔬菜的猎奇心理，进行购买。④城郊、农村（景宁县等）：农村很多居民可以实现自给自足，对高端瓜果蔬菜需求少；另外，他们收入较低，对价格的敏感程度十分大，会去农贸市场采集较为便宜的产品。

人口因素——按照年龄来划分：①青年群体：年轻人由于生活节奏快，吃饭会占据他们较少的时间，他们通常会选择外卖或者快餐，因此他们对瓜果蔬菜的品质要求并没有那么高。②中年消费者：这些消费者普遍有较高的工资，他们对瓜果蔬菜比较挑剔，对价格的敏感程度较低，他们也十分愿意尝试更加健康营养的瓜果蔬菜。另外，食用高端瓜果蔬菜可以显示自己的地位。③老年消费者：主要是退休的、正在养老的消费者，他们岁数较大，花钱十分节俭，在饮食的花销上同样如此。

按照收入来划分，不同群体的购买行为特征如表 5-1 所示。

表 5-1 按收入细分

群体	购买行为特征
低收入	收入较低，追求物美价廉的食品
中等收入	收入中等，生活条件中等，对高端有机瓜果蔬菜不会十分奢求
较高等收入	收入较高，生活条件较好，生活质量较高，对高端有机瓜果蔬菜需求量较大
高等收入	收入高，生活条件好，追求精致的生活，对高端有机瓜果蔬菜需求量大，可以着重培养

资料来源：本文研究整理。

按照心理因素细分：在心理因素的相关变量中，对于畲森山商城精品食材销量影响较大的是生活方式。有一部分人平时就养成了简朴节俭的习惯，选购食材时会综合其价格和质量综合考虑，性价比必须最优，他们对食材的品牌、高营养、有机等特殊的需求不会特别强求；而有部分人的生活方式更加注重精致与品质，他们通常会挑选有品牌的、健康安全的、有机生态的食材，并愿意为此付费。这类人对低价瓜果蔬菜食材的解读不再是"划算"，而是"不够档次"，他们突出"享受生活""个人价值实现"和"品牌档次"。

按照行为因素细分：在心理因素的相关变量中，将按消费者平时喜爱的消费地点来划分。①高端餐厅：来高档餐厅消费的客户，主要是进行宴请，因此对食材的品质要求很高，因此高端餐厅对食品的取材十分讲究，需要高端的瓜果蔬菜，并且这些餐厅食材每日消耗量都十分大但是有比较稳定的食材来源，想要打入该市场需要有竞争性的价格以及十分高的食材品质。②中低端饭店：中低端饭店需要考虑本身的利润，如果没有特殊的要求，他们会十分在意成本控制，因此不会大批量购买高端瓜果蔬菜。③政府机关单位餐厅：一般更关注瓜果蔬菜的营养与质量，是比较稳定的客户源。④高新科技企业等大企业员工食堂：由于该类企业工作压力大，因此企业内部也会提供一些福利，如将优质的瓜果蔬菜以相对低的价格进行售卖，既保证员工身体健康，又提供价格折扣。⑤在家烹饪：个体的消费能力、消费习惯、消费需求具有多样化的特点。个体消费者的需求量十分大，但是由于时空间分布不均衡，导致瓜果蔬菜的配送供应不能集中，成本较高。

2）目标市场选择。基于对市场细分和畲森山商城目前用户的情况分析统计，本文发现畲森山商城的主要客户群体主要是集中生活在一、二线城市月收入在15000元及以上的中年消费者，他们通常在餐厅、政府机关单位餐厅或者在家自己烹饪。

3）市场定位。目标市场定位主要是指企业针对潜在顾客的特点和偏好进行营销策略设计，建立产品在目标客户心中的某种形象或者特征。畲森山商城对目标市场及消费者进行细分，通过会员制的方式建立了顾客信息资源库，将食材有效地配置给不同地域的客户。畲森山商城认为，不同的个体或群体消费者或潜在消费者对产品的期望、心理需求和顾虑不同，比较合理的销售方式，应该是把顾客想要的东西提供给他们，而非闭门造车。市场分得越细，公司就越能准确预测顾客日后的需求及其需求的时机。取得这种策略性的信息后，便可与供应商协商，把信息转换为应有的存货。畲森山商城根据客户特定的需求为他们量身定制服务，真正做到了"以客户为中心"，其在为客户提供更好的服务的同时，公司也获取了更多的利润。

畲森山商城在产品和服务策略上，主要有产品差异化策略、服务差异化策略以及体验差异化策略。①产品差异化策略：畲森山商城一年四季提供上百种瓜果蔬菜，而且秉承着"私人定制"的原则，可以根据客户的需求和喜爱进行任意搭配；所有的瓜果蔬菜都是优选有机、健康、营养、口感好的。②服务差异化策略：通过线上商场的会员制度，畲森山商城减少了客户前去商场采购的时间，在家就能收到新鲜的食材。③体验差异化策略：除了对产品品质的极致追求以外，畲森山商城还时不时将新品免费送至客户品尝，一方面可以让客户享受增值服务的待遇，另一方面可以促进新品的销售。

（2）线上、线下整合的新零售营销。丽水一山采用线上和线下整合化的新零售营销模式，通过多种营销场景覆盖零售活动，不断超越和打破原有边界，向线上线下及物流融合发展。"新零售"的核心是提升用户体验，主要模式有三种：一是线上线下与物流结合的同时，实现商品与物流渠道整合；二是提供更广范围内的体验式消费服务，实现消费场景化；三是营造包括零售企业内部员工及上下游合作伙伴的"新零售"平台，即打造全渠道产业生态链。

丽水一山建有线上畲森山商城，目前拥有包括丽水、上海、杭州等城市的稳定客源。采用会员制的配送方法，定期向会员们配送景宁畲森山独有的高山绿色蔬菜。线下通过和超市合作，在超市里面会设有畲森山高山蔬菜的零售点。目前已和上虞上百超市、温岭三合超市、余姚家家福超市等合作。不仅如此，公司还在丽水景宁开设线下消费体验店，类似于农家乐的体验店，使顾客们真正了解高山蔬菜，实现了消费场景化。此外，丽水一山正在向"有人零售"到"无人零售"发展，公司在特定的地方会有蔬菜自动贩卖机。

"新零售"追求的目标其实就是线上、线下及物流等多方面的融合，以打破原有的边界，不断拓宽已有的营销渠道，营造消费场景化，使消费者购物更加便利的同时产生美好的心理联想，满足消费者的沟通与情感需求，从而形成重复购买的良性循环。丽水一山虽然目前还处于新零售模式的初期发展阶段，但它是第一批"新零售"模式的"试水者"，相信它的未来会很美好。

 经验借鉴

本案例着重分析了丽水一山的"两次转型，三种模式"，依托丽水优良的生态环境与资源优势，构建和谐人地关系，从一个单一的蔬菜运输配送公司转型为综合新型农业产业公司，逐步实现"云端上"的价值蜕变。丽水一山主要经验：①转型升级新型商业模式，开拓创造多元化价值。公司不断推陈出新，为适应快速发展的市场需求和日益激烈的企业竞争，从"物流冷链模式"进阶到"生态物流模式"，再由"生态物流模式"升华到"云生态互联网模式"，在未来，将形成以"畲乡生态"为主题的社群，并且实现这个"云生态社群"内的客户进行精准销售。②以生态社群为主，带动农业全方位新零售。公司未来将在已有客户群体的基础上，致力于发展成为集丽水风俗民情体验、旅游、民间工艺品等一体化的丽水多元化公司。③大力响应国家号召，抓住时代发展机遇。公司充分贯彻"绿水青山就是金山银山"与"五年起步，三年转型"的发展理念，抓住三产融合项目是未来重点扶持对象的契机，同时开拓休闲、生态农业以及相关旅游服务，大力提升农产品附加值，进而促使产业增值。④充分利用当地生态资源与文化。畲森山绿色生态品牌打造了畲乡景宁的特色文化产业，是当前景宁市政府重点扶持发展的对象，大力发展当地特色畲乡文化，是景宁发展当地农业经济和旅游经济的必然要求，有利于促进当地农业可持续均衡发展，推动"大众创业、万众创新"，助推经济发展方式转型升级，增进社会公平和社会和谐。

本篇启发思考题

1. 丽水一山能够实现华丽转型和商业模式创新有哪几个方面的优势？分别是什么？

2. 丽水一山是如何利用供应链拓展理论发展出畲森山模式？对于其他企业转型有何借鉴意义？

3. 在社群营销模式下畲森山商城的 STP 策略有哪些？

4. 新零售营销有何特点？

5. 在经历过商业模式转型之后的丽水一山未来将如何抓住契机进一步发展？

第六篇

东方鞋履化蛹成蝶蜕变记：
基于 RCSP 范式的传统企业转型路径

 公司简介

　　浙江红蜻蜓鞋业股份有限公司（以下简称红蜻蜓）创建于 1995 年 3 月，位于中国鞋都温州，现有员工近 6000 人，是一家集皮鞋研发、设计、销售和服务于一体的时尚鞋服企业，在成人真皮男女皮鞋细分行业始终保持行业前列。公司坚持以品牌建设和产品研发设计为核心，目前已形成了红蜻蜓品牌的多品类产品格局。主品牌红蜻蜓（Red Dragonfly）坚持"文化、亲和、自然"的品牌理念，深度挖掘、研究和传播中华鞋履文化，坚持自主研发与中外合作并存的产品创新之路，以引领东方风尚为己任，已成为中国时尚产业的领军品牌。此外，红蜻蜓还拥有新生活馆、蜻蜓巢（DNEST）、蜻蜓谷（D. VALLEY）、红蜻蜓 KIDS、红蜻蜓高级定制等品牌，覆盖了各个阶层的市场需求。公司于 2015 年成功登陆资本市场，现为上海证券交易所 A 股上市公司。

案例梗概

　　本案例以"在'工业 4.0'时代，传统老字号品牌如何应对实体经济低迷状况成功转型呢？"这一问题为切入点，详细分析了浙江红蜻蜓鞋业股份有限公司在转型过程中面临的行业内外部环境因素的变化，并基于 RCSP 范式，按照"资源—能力—行业内地位—产业定位"的逻辑线索，系统剖析了红蜻蜓在文化、组织、技术、机制四个要素上做出的创新性转型决策。这些转型决策助力红蜻蜓突破实体经济内忧外患的压力，从老字号品牌一跃成为国际中高端鞋服品牌，屹立于浙江鞋服市场的前列。参照 RCSP 范式，探索企业在各要素构成的空间位置，以此确定进一步的优势提升路径和方向，这为其他传统企业的转型升级提供有益的借鉴。

关键词：传统企业；RCSP 范式；企业转型；创新

 案例全文

一、红蜻蜓的发展历程

红蜻蜓倡导"品牌开路，文化兴业"的经营思想，以"传承鞋履文化，创造顾客体验"为企业使命，将传统文化与现代产业进行完美结合，连续开创多项纪录：成立首家鞋文化研究中心；编辑出版第一部《中国鞋履文化辞典》；出版发行第一部鞋履文化丛书——《东方之履》；召开首届全国鞋文化学术研讨会；建成首家由企业创办的鞋文化博物馆——红蜻蜓中国鞋文化博物馆。为更加适应未来的竞争模式，提高企业的核心竞争力，红蜻蜓于 2016年 10 月 13 日成立智造创意孵化器，统一筹划协调公司数字化、标准化、信息化工作的推进。红蜻蜓智造创意孵化器致力于实现两大目标：一是整合企业资源，建立一个具有前瞻性，以先进技术和生产力为依托，创新型的现代鞋类研发设计平台；二是打破企业产品研发传统模式的瓶颈，通过"跨界"思维，为企业未来发展探索出新的方向。

截至 2017 年底，公司已有自营门店 363 家，代理门店 3812 家，在天猫、京东、唯品会等网上商城上也同步开展了销售业务。2017 年红蜻蜓整体营业收入为 32.45 亿元，较 2016 年的 28.72 亿元增长了 12.99%；其中，红蜻蜓（杭州、温州）电子商务有限公司实现线上销售额 5.72 亿元，较 2016 年增长 18.17%。目前，公司已经在米兰、巴黎、首尔等时尚都市设立了研发信息中心，在北京、上海、广州建立了品牌工作室、设计工作室和时尚信息转化中心，收集并利用全球的设计信息和资源实现红蜻蜓产品与国际时尚同步。同时，公司在中国浙江、广东、重庆等地布局产品研发生产基地，终端网点已经覆盖全国各重点经济城市。

二、红蜻蜓面临的行业内外环境变化

1. 行业外部环境

近年来，我国经济结构不断优化、新旧经济增长动力的持续转换，宏观经济总体呈回暖迹象。据国家统计局数据，2017 年全年国内生产总值同比增长 6.9%，略高于 2016 年的 6.7%。虽然国内消费市场仍保持较快增长，但增速持续放缓，全年社会消费品零售总额增长 10.2%，比 2016 年回落 0.2 个百分点。从中长期来看，中国经济增长仍有巨大的潜能和动力，未来仍将保持中高速的增长。2017 年，最终消费对经济增长的贡献率为 58.8%。

但是机会与危机总是并存的。近年来"工业 4.0"的浪潮兴起，利用物联信息系统将生产中的供应、制造、销售信息数据化、智慧化已经逐渐成为现代制造业的大势所趋。在 2018 年的云栖大会上，马云提出了"新制造"的概念。马云说，在未来的 10~15 年，中国制造业面临的困难将超乎大家的想象，资源消耗型企业面临的挑战会越来越大，但是"不是制造业不行，是落后的制造业不行，是你的制造业不行"。新制造的目标是实现在规模化之外的按需定制，强调个性化，而这些要求对传统制造业提出了巨大的挑战。

2. 行业整体运行状况

2017 年全国社会消费品零售总额 366262 亿元，同比增长 10.2%。在全年社会消费品中，服装鞋帽、针纺织品类零售总额达 14557 亿元，同比增长 7.8%，低于同期社会消费品零售总额增速。2017 年服装鞋帽、针纺织品消费占商品零售比重为 4.46%，与 2016 年 4.87% 的比重相比有所下滑，皮鞋行业企业整体经营业绩仍然低迷。

红蜻蜓公司的产品面向整个终端消费市场，由于消费者的消费态度谨慎，单店增长放缓，给公司的业务发展带来了一定压力。面对严峻的市场环境，红蜻蜓一直稳扎稳打，通过不断提高供应链效率，提升设计研发水平，加大线上发展力度，优化终端渠道结构等措施，在行业整体经营业绩低迷的 2017 年，主营业务收入依然突破 32.45 亿元，同比增长 12.99%。

3. 行业竞争格局

在全球皮革行业中，欧美鞋业品牌运营较为成功，尤其是在奢侈品牌、高端市场上仍占主导地位；东南亚国家主要还是生产加工型市场，品牌依然处于初级阶段；中国、印度等新兴市场占据的是国际鞋业的中低端市场。目前，该行业已快速进入品牌竞争阶段，国内各大品牌商争相代理或收购国际品牌，抢占中高端市场份额。全球制鞋企业将更加注重品牌推广和营销网络建设。

如图 6-1 所示，在国内市场上，国内皮鞋市场集中度不高，各品牌公司之间的竞争非常激烈。行业内的领先品牌如百丽等近年来市场份额出现下降，传统的皮鞋品牌开始出现分化，部分品牌市场份额逐步下滑，红蜻蜓品牌除了面对市场份额下降的挑战，还面临着其他皮鞋品牌的价格竞争。

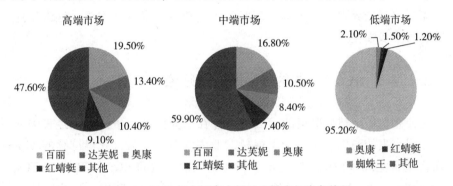

图 6-1 2015 年中国高中低端皮鞋市场竞争格局

资料来源：本文研究整理。

随着休闲风日渐升温，运动消费成为居民消费的新热点，红蜻蜓公司的发展也迎来了新的机遇。针对现代都市人越来越喜爱旅游和运动的趋势，红蜻蜓围绕休闲品类"轻、软、透"的产品特性，积极研发年轻时尚休闲品类的鞋品，并融入制鞋高科技，迎合年轻人的消费喜好，取得了不错的业绩。

4. 行业发展趋势

消费需求升级倒逼产品升级，消费者的需求逐渐从单纯追求性价比到更关注个性彰显以及产品传达的品牌文化和价值理念，使厂商的经营重点从简单削减成本转向提升产品质量、加强产品设计、营造产品形象和优化消费体验上来。摆脱同质化的红海竞争后，各细分行业的优秀企业获取超额利润，又能反哺设计研发，生产出更符合消费者需求的产品，强化行业地位；而一些设计研发能力较弱的企业则被挤出市场。

目前，大量新科技运用于鞋类制造，技术创新成果层出不穷，制鞋工艺水平得到了明显提升；而基于大量脚型研究与调研数据的数字化研发设计，为不同脚型的消费者有效改善鞋履穿着舒适性也逐渐成为鞋履企业重点研究的内容，这些将从源头上解决鞋类商品标准化问题并提高鞋履舒适度。另外，人工智能、工业机器人和 3D 打印等技术的发展，也已经或即将大大降低鞋类制造端的成本，促使鞋企将运营重心放在设计研发和营销方面。

线上、线下渠道日渐深度融合。不少鞋企在经历了关店潮后，线上销售额在鞋企销售总额中占到越来越大的比重。然而，当线下渠道在消费体验方面的优势被逐渐凸显，依托于日益完善的鞋企自持和第三方物流、仓储网络，线上消费、线下提货或线上比价、线下购买等创新模式的不断推出，线上、线下渠道之间的界限日益模糊，都服务于消费者需求这一主线，且未来这一趋势将进一步强化。

三、基于 RCSP 范式的红蜻蜓转型路径

促使企业做出转型决策的动因是企业在产业内的竞争优势已经丧失或者存在衰退丧失的隐患。企业为了保持产业内的竞争优势，获得持续的竞争优势而实施企业战略转型。如图 6-2 所示，企业转型的 RCSP（Resource Capability Structure Production，RCSP）范式遵循着"资源—能力—行业内地位提升—产业定位"的逻辑线索对企业的转型问题进行研究，以竞争优势为基础，根据企业内部资源、行业外部环境等要素，进行适当的行业寻优过程，为企业的转型工作提供理论指导。红蜻蜓的转型大致可以分为四个阶段。

1. 第一阶段：文化创新（1995~2005 年）

企业文化作为一个企业的精神支柱和企业可持续发展的基础，已经得到世界上越来越多的企业家的重视和密切关注。随着经济的发展，企业在不同阶段会面临不同的环境、不同的经营策略，所以需要不断创新企业文化以适应环境与经营策略的变化发展。作为企业发展的一项重要资源，文化在发挥凝聚力、向心力、生产力乃至创造力方面具有不可替代的影响。在文化创新下，红蜻蜓秉承"品牌开路、文化兴业"的发展理念，成为行业内文化积淀促进企业转型升级的引领者，最终形成商品文化交融的独特产业定位。

红蜻蜓非常重视公司文化，并在实际工作中发挥表率作用，大力宣传企业文化。提炼符合自身的企业文化需要总结企业发展历史，对企业的发展历史、历史变革、文化积累等进行深层的分析，总结和提炼出本企业的优良传统，挖掘出企业长期形成的宝贵的文化资源，根据自身经营特色决定企业所需要的价值观。鞋文化是红蜻蜓对于中国制鞋业乃至中国文化的卓越贡献。

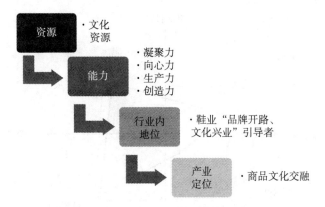

图 6-2　文化创新 RCSP 范式分析思路

资料来源：本文研究整理。

1999 年 10 月，红蜻蜓鞋文化研究中心宣告成立，该研究中心对博大精深的中华鞋文化进行梳理，并利用对鞋文化的研究成果，先后在杭州、上海、成都、温州和香港等地举行了 6 次红蜻蜓中华鞋文化展览，让观众领略到商品与文化碰撞交融的无限魅力，引起轰动。2001 年 5 月，红蜻蜓集团投巨资建成了中国第一家中华鞋文化展馆，展现了鞋文化灿烂辉煌的历史，成为中国鞋都的一道亮丽的风景线。为更好地广泛传播鞋文化，红蜻蜓组织编撰了我国第一部《中国鞋履文化辞典》，显示出其对先进文化的追求和深厚的文化底蕴。2002 年 8 月底，红蜻蜓又在全国范围内推出了"中华鞋文化路演"活动。通过在全国各大中城市中华鞋履文化的全新演绎，使已有 2600 多家销售终端的红蜻蜓绿草地网络的品牌得到维护与提升。红蜻蜓的文化定位如图 6-3 所示。

企业文化建设的意义：一是优秀的企业文化可以凝聚人心，形成强大的凝聚力。优秀的企业文化可以使新加入的员工对企业产生新的积极向上的认知。二是优秀的企业文化可以激发员工干劲，充实企业的向心力。企业文化形成的正确价值导向能够起到精神激励的作用，在凝聚人心的基础上，激发职员的积极性和主动性，形成一致的文化认同感。三是文化就是生产力。因为有了文化的浸润，红蜻蜓才能不断推动商品与文化的交融。商业经营才更多元化。四是文化使企业主思想更开放，为它们提供了源源不断的创造力。在多元的文化因子和核心精神的引领下，红蜻蜓不断开发创造，引入新的生产经营理念。

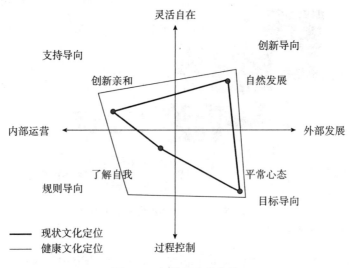

灵活自在

创新导向

支持导向

创新亲和

自然发展

内部运营

外部发展

了解自我

平常心态

规则导向

目标导向

━━━ 现状文化定位
──── 健康文化定位

过程控制

图6-3 红蜻蜓文化定位

资料来源：本文研究整理。

作为中国知名的自主品牌，文化的铺垫不光为品牌注入内涵，更具有激发消费者情感共鸣和信赖的能力，为红蜻蜓的转型升级和持续发展奠定基础。然而，文化的积淀只是持续转型升级的基础，需要强有力的组织管理模式助力落实与推广，否则只能是空洞和虚无的。

2. 第二阶段：组织创新（2005~2010年）

为了将文化创新的积淀付诸实践，红蜻蜓公司创造了一套符合企业发展的、富有个性化特色的卓越绩效管理模式，并将其与"互联网+"相结合。卓越绩效模式实质上是全面质量管理（TQM）的一种实施细则，是对全面质量管理实践的标准化、条理化和具体化。导入"卓越绩效管理模式"并不是一句口号，关键是让这套管理模式进一步规范、梳理企业内部管理方法和流程，使企业实现无缝隙的科学管理（见图6-4）。

红蜻蜓于2007年6月成立卓越绩效模式与整合型管理体系领导小组与执行小组，董事长钱金波亲任组长，确保整个项目顺利、有序和高效地实施。红蜻蜓在导入卓越绩效管理模式时，聘请外部专家组首先对企业进行全面的管理诊断，在这一基础上，将GB/T19580《卓越绩效评价准则》与ISO9000、ISO14000、GB/T28001系统整合起来，形成四位一体的管理体系，提高了体系运行的效率和有效性。卓越绩效评价准则为红蜻蜓生产管理系统构筑了

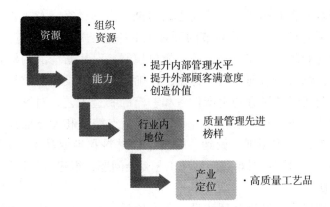

图 6-4 组织创新 RCSP 范式分析思路

资料来源：本文研究整理。

"一张设计图"。它为指导组织的计划工作提供了一种框架，勾勒出了各个主要方面：领导、战略计划、顾客与市场、测量、分析和知识管理、人力资源、过程管理、经营结果。卓越绩效管理模式与整合型管理体系实施机构，确保了红蜻蜓整个项目得到顺利、有序和高效的实施（见图 6-5）。

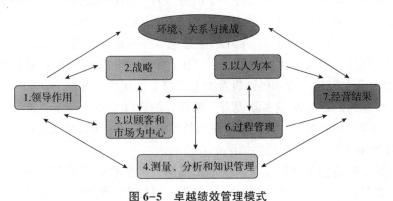

图 6-5 卓越绩效管理模式

资料来源：本文研究整理。

红蜻蜓通过卓越绩效模式梳理了公司的价值体系和发展战略；提出了职能战略，构建了公司战略绩效关键指标体系；完善了公司绩效评价体系和测量体系，使公司所有的经营管理活动都围绕价值主线和战略主线进行；所有的行动计划都以顾客和市场为关注焦点，避免盲目和无价值的行为；设立了扁平化的组织机构，使公司管理活动更具效率，经营管理活动更规范。在倡导让外部顾客满意的同时，该公司也大力推行内部顾客满意工程，即公司内生产流程中下游环节是上游环节的顾客，下一道工序是上一道工序的顾客。在产品的设计和制造上实施全过程的质量控制，对从新产品的构思到新产品的封样确认，都有一系列的流程控制，以确保产品的设计要求和质量符合顾客的要求。公司引进先进的生产设备和一流的制造工艺，对影响产品质量的六大因素"人、机、料、法、环、测"进行重点控制和动态监控；员工作业按标准、按工艺、按图纸，做到不合格原辅材料和半成品不流入下道工序，不合格产品杜绝出厂；对难点问题和工艺复杂问题，组建 QC 小组和工艺革新小组予以解决。

任何组织机构，经过合理的设计并实施后，都不是一成不变的。它们如生物的机体一样，必须随着外部环境和内部条件的变化而不断地进行调整和变革，才能顺利地成长、发展，避免老化和死亡。正是组织变革的活力与动力，为技术上的实质进展提供了保证。

3. 第三阶段：技术创新（2010~2015 年）

文化是红蜻蜓的血液，组织是红蜻蜓的肉身，技术则是红蜻蜓搭建肉身、流淌血液的骨架。如果说文化打开了消费者对产品认知的新世界，那么技术是开拓了消费者对产品选择的新领域。红蜻蜓成立智造创意孵化器（IMI），统一筹划协调公司数字化、标准化、信息化工作的推进；引入 LastMaker 专业鞋楦设计软件，用数字化设计结合手工生产，全面提升对鞋楦量化修改的效率；3D 打印制鞋技术成功做到机器大生产与柔性化生产相结合。拥有技术加持后，红蜻蜓的产品质量不断提升，消费者的选择也更为丰富，产品线从单一的鞋延伸到脚的服务，文化、组织与技术虚实结合，助力红蜻蜓不断成长。技术创新 RCSP 范式分析思路如图 6-6 所示。

红蜻蜓智造创意孵化器包括技术和资源两大平台。技术平台涵盖创新性研发、原材料创新、标准化体系、数字化工程技术、科技生产转化、消费者个性化体验和信息大数据分析七大功能。人才技术是"智造孵化圈"的关键。一是传承，通过师徒会的形式，老师傅传授技艺和做人的道理，通过传帮带教把丰富经验和精湛技艺一代代传承下去；二是产学研合作，通过联合举办温州时尚学院，学校教理论，企业提供实践机会，校企合作共同培养专业人才；三是内部专业培育，通过引进优质资源，内部提升，充实人才库，例如，目前已有韩国设计师加入红蜻蜓，颇受消费者欢迎的"韩流"鞋款在韩国设计师的构思设计下，让一些韩版鞋款拥有"原味"。资源平台涵盖全球制鞋原

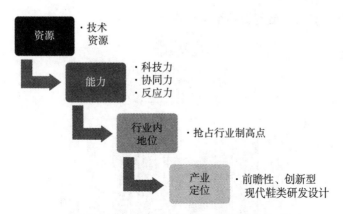

图 6-6　技术创新 RCSP 范式分析思路

资料来源：本文研究整理。

辅材料贸易平台、全球创意设计平台和信息互联互通平台，最大限度地将产品的科技力转化为生产力和销售力。2016 年，红蜻蜓与国内外原材料厂商签订战略合作协议，与中国皮革和制鞋工业研究院以及多家皮革企业建立"皮革产业链协同创新联盟"，保证公司皮料等原材料在供应的时间速度、品质质量、供应数量、合理价格等方面的要求。红蜻蜓通过 ERP 信息系统的建设和升级，全面打通和优化研发、生产、销售业务链，提升整体业务的协同性和反应速度。

鞋楦是鞋的母体，又是鞋的成型模具。它不仅决定着鞋的造型和式样，更重要的是决定着鞋能否穿着舒适并起到保护脚的作用。传统的鞋楦设计方法为激光扫描仪测量法，但是采用这种方法需要的仪器设备价格高，扫描时间长，对操作者的要求也高。近年来，三维结构光的测量得到了发展，如结构光投影相移技术、结构光投影傅里叶变换技术，使通过结构光对脚的数字化成为可能。但结构光重建系统受外界光源的影响较大，测量系统不易于移动等缺点，在一定程度上限制了它的发展。"合理的设计从人体步态开始"，为进行脚型规律研究和鞋靴舒适性设计，红蜻蜓采购了 Delcam Crispin 脚型扫描及鞋楦设计工程系统（见图 6-7）。Delcam CRISPIN Lastmaker 是一款基于 PC 运行的专业制鞋 CAD/CAM 系统，是目前唯一能同时提供复杂形状鞋底和鞋面设计与制造的 CAD/CAM 软件系统。它能快速获取人脚的三维数据并建立脚型数字化模型；提取各个足部特征；从鞋楦数据库中选出一个与该脚型最接近的基础鞋楦模型；参考足部特征及字化模型，对基础鞋楦模型进行修改和再设计，获得高度舒适的个性化鞋楦。

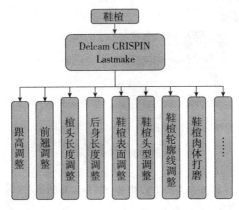

图 6-7　软件的调整工具

资料来源：本文研究整理。

制鞋业是典型的劳动密集型产业，人工成本的不断增加给传统制鞋业带来了致命的打击，3D 制鞋的出现成功弥补了这一劣势。3D 打印鞋属于"增材制造"，其工作原理是：首先，在计算机里建立鞋的三维数据模型，然后把模型分解成多层结构，将原材料研磨成粉状并融化，同喷墨打印机一样，再将融化的材料经打印喷嘴喷出，通过激光烧结逐渐叠加，直至鞋打印成形。3D 打印鞋减少了成品组装链条的长度，缩短了生产制造工序及周期，理论上可以做到一次成型和 100% 的成品率。3D 制鞋可以满足鞋成品的多样性、复杂化，制作出千变万化的鞋形。这将打破传统的定价模式，并将改变计算制造成本的方式。其次，它改变了设计、材料、制作、销售和服务等传统制鞋运营模式，网络化、定制化、智能化和小批量柔性规模生产成为可能。通过将供应、制造、销售等供应链环节信息化、数据化和智能化，达到快速、有效和个性化的产品匹配，对鞋的制作形态及营销模式等产生重大影响。更为重要的是，基于云制造的 3D 打印系统式分布、优化节点的高端智能化、自主化网络微单制造机制及个人定制设计云服务等，将是未来 3D 智能制鞋产业链的表现形态，主要体现在 3D 打印鞋在线服务、共享 3D 打印鞋开源性软件开发社区、打印鞋模型数据库下载中心、大数据分享及应用数据库和 3D 鞋制作最新工艺。最后，在新制造时代，建立鞋类智能制造大数据应用平台，建立推广 3D 制鞋在线云制造、云定制服务模型，实现 3D 制鞋开源性软件开发社区、打印模型数据库下载中心资源共享；增强新技术、新软件、新材料和新机器的核心竞争软硬实力，融合电子信息技术、新型制造、物联网和线代物流等手段，构建 3D 智能制造体系。

技术的提升为消费者提供了优质的产品和服务，也为员工创造了一个更为坚实的职业平台和发展空间，为了在现有基础上为红蜻蜓谋划更为长远的路线，只有让机制接下了这漫漫长路最后一棒。

4. 第四阶段：机制创新（2015 年至今）

文化和组织创新为红蜻蜓注入了新鲜的血液，技术创新为红蜻蜓搭建了强劲的骨骼，有骨骼有血肉的红蜻蜓只缺少了最后一个要素：有力搏击的心脏。机制创新就像是红蜻蜓的心脏，推动了血液的流动。红蜻蜓自 2015 年以来，在产业层面实施产业布局合理化：自主生产与外包相结合的生产应变机制，采取自营和代理相结合的销售机制，同时首创集成店模式，高端定制、3D 柔性生产为消费者创造除了更为私人化的购物体验。机制创新 RCSP 范式分析思路如图 6-8 所示。

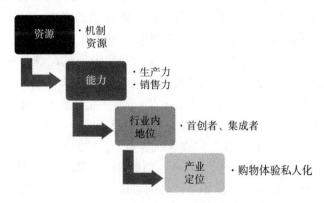

图 6-8　机制创新 RCSP 范式分析思路

资料来源：本文研究整理。

在生产层面，红蜻蜓在温州、广州、上海、重庆设有自有工厂，作为核心生产；在广州、温州、晋江、成都设立了成品采购基地，即外包生产。自主生产专注大批量生产和自主研发生产，是企业生产环节的核心能力；外包生产从事个性化、小批量生产，与自主生产形成优势互补。外包生产可以有效降低自主生产的"作业成本"和"机会成本"。因为鞋业属季节性时尚消费品，产品价值会随着时间推移而迅速减少。如果全部采用自主生产，则大批量产品的生产周期会延长，导致"作业成本"和"机会成本"的上升，同时部分小批量产品会被放弃，导致"机会成本"的再次上升。举例来说，如果一款售价为 300 元/双的产品延迟了半个月，它本身的"作业成本"会上升 2 元左右（仓储和财务成本），同时这双鞋的市场售价会降低，可能变成 200 元或者卖不出去，这样"机会成本"就超过 100 元。另外，由于放弃了部分小批量产品的生产，公司还得付出额外的市场"机会成本"，这部分的成本也超过 100 元。红蜻蜓通过整合供应商资源，与供应商建立长期战略合作关系，一方面保持了他们的长期业绩，另一方面也为公司产品供应的"保时、保质、保量"提供了可靠保障。

在销售层面，随着电商的冲击，经营成本上升，实体经济增长放缓，人工成本、租金成本、税费成本高等问题，实体零售不断衰退，更是迎来了"撤店"寒流，2016 年，鞋履行业关店潮更是迅猛，其中百丽就已关闭 276 家门店；达芙妮关闭 757 家店铺。此外，"80 后""90 后"等新兴消费力量逐渐成熟、壮大，新兴消费群体对于零售产业的影响越来越明显，传统鞋服原有单一专卖业态性质的专卖店、专营店无法满足消费者现有的购物与消费习惯了。红蜻蜓顺势而为，大胆创新，重拾增长动力。

（1）红蜻蜓集成店模式。集成的含义便是将分立的品牌资源整合起来的一种"抱团取暖"行为。它能使某些产品在结构上可选性更强，各档次类品牌互相引流，优势互补，顾客价值最大化，某一品类里面全面的货品结构能满足市场与客群需求，还可以摆脱原有行业消费淡季所带来的瓶颈。跨品类甚至于跨行业的货品都慢慢出现在集成店的货架上，这样不仅增加了集成店的货品结构，也确保与调试了不同技术属性与物理属性的货品在一起销售的创举。

（2）红蜻蜓定制手工坊。如果说集成是横向的产品多样化，定制则是纵向的产品体验私人化。秉承"传承鞋履文化，创造顾客体验"的企业使命，红蜻蜓定制手工坊掌握全球最优质的皮料资源，选用世界各地进口的珍贵皮料，沿用世界顶级鞋履的独特制作工艺——"固特异工艺"，流传迄今已逾200 年。据悉，最尊贵的顶级手工固特异鞋定制，从量脚到最后成品需要 4~6 个月的时间，从量脚—制楦—设计鞋款修饰等流程需要超过 300 多道工序完成。这种工艺之所以历久弥新，是因为包含着匠人的慧心与手艺，更倾注着世人对美的不懈追求，被誉为"手工雕琢出来的艺术品"。红蜻蜓定制手工坊，相信"美学"与"工匠"之于物的意义，以"鞋"为载体，呈现中国手工艺的上乘与精妙，拥有行业领先的定制服务团队，由 25 位手工制鞋经验超过 20 年的资深匠人组成，一天可做 20 双定制鞋。每一位资深的匠人精通制鞋流程的每一个环节，精益求精，为每一位尊贵的顾客量身打造足尖上的艺术品。例如，红蜻蜓定制手工坊顶级手工艺大师钱秀云女士，从业经历超 30 年，精于皮料研究、精通固特异手工制鞋工艺，是鞋履量身定制方面专家，曾为北京申办 2022 年冬奥会代表团荣誉运动员定制专用鞋款等名人定制鞋履。

（3）"3D 柔性制造+个性定制"。3D 打印机的出现，将不同品种、型号、尺码、功能、材料及样式的鞋放在同一台 3D 打印机制作完成，轻松做到交叉设计、跨界生产，传统鞋的类别界限变得模糊。未来 3D 制鞋在制造过程中可以通过提供更加人性化的信息服务，延伸价值链的内涵，增加产品附加价值，拓展更丰富的服务，提出更完善的解决方案，满足消费者的个性化需求，走"3D 柔性制造+个性化定制"道路。当带有"信息"功能的智能生产系统成为硬件产品新的核心，这便意味着个性化需求、批量定制将成为潮流。红蜻蜓定制业务将进驻 DNEST（蜻蜓巢，国际多品牌生活方式集成店）、D. VALLEY（蜻蜓谷，红蜻蜓快时尚鞋配多品集成店）、红蜻蜓生活馆三大终端新业态，未来三年将在 300 家红蜻蜓生活馆内开辟"手工鞋个性定制专区"。

（4）"C2M+O2O"模式。为应对市场竞争，以顾客个性化体验驱动的 C2M（消费者到工厂制造商）定制化模式成为目前温州很多企业转型的主要方向，省去所存中间渠道，由消费者直接对接工厂的生产模式，省去中间环节。在红蜻蜓目前的技术条件下，定制一双皮鞋最快可以在 15 个工作日内完成，缩短至传统皮鞋定制的一半时间。同时轻奢定位"C2M+O2O"并行切入，搭配国内外时尚设计师，培育新品牌 DENST，搭配新技术开阔新渠道，改变商场店的不景气，改变品牌老化的现象，定位新品牌重塑产品定位将 DENST 做成轻奢类鞋店，并开创线上全渠道平台，满足线上客户需求。用户能够通过线上线下对鞋子发起定制需求还可以通过线下门店 3D 脚型仪收集客户脚型数据，电商平台将数据进行过滤分析并将数据同红蜻蜓内部系统、SAP HANA 系统进行数据打通，将客户自由设计的鞋子信息直接传递至生产者手中，开展定制化工序，并实时反馈鞋子生产状态。另外平台会员可通过手机端实时查询到门店信息、门店产品库存信息，客户在线上下单将由就近门店发货处理，平台充分融合 C2M、O2O、云计算、大数据和柔性制造技术，开创中国消费者拉动时尚行业互联网定制化平台先河。

高端定制、3D 柔性定制及个性定制为顾客创造了更为丰富和私人的购物体验。对于顾客来讲，可以通过互联网平台按照自身个性化需求直接向厂商定制；而对于企业而言，通过 C2M 模式，在一定情况下减少了成品库存的问题。平台初期以"C2M+O2O"模式进行切入，线上、线下销售价格相同，支持定制，有独特体验才能更好地刺激消费者，就如同苹果的线下体验店的策略一般。红蜻蜓品牌定位于"80后""90后"需求的个性化定制产品，定位于喜欢新潮设计的年轻人群，在个性定制行业一下子获得大批年轻人群的青睐。

总的来看，文化创新为品牌注入内涵，具有提升消费者情感共鸣和信赖的能力，为红蜻蜓的转型升级和可持续发展奠定了基础。强有力的组织管理模式为文化夯实了基础；同时组织变革的活力与动力也为技术推进提供了保证。技术的发展为消费者提供了更为优质的产品和更为多样的选择。而机制的优化使产业布局更为合理，延伸了产品的生命线，也为顾客创造了更为私人化的购物体验。文化、组织、技术、机制相辅相成，它们是红蜻蜓的血液、肌肉、骨骼和心脏，缺一不可，共同组成了一个鲜活的红蜻蜓，并不断助力红蜻蜓的茁壮成长。

资料来源

［1］吴雨洁，付乐宾，陈幸，等 . 3D 打印技术与鞋业设计制造新模式的展望［J］. 皮革科学与工程，2018（2）.

［2］陈华蕴，李西兵，岳鑫，等 . 基于制鞋 DIY 互联网定制的 3D 脚型数据采集［J］. 西部皮革，2018（11）.

［3］陈乐平 . 企业战略转型影响因素和转型路径研究［J］. 现代营销（下旬刊），2017（10）.

［4］纪者 . 因爱而生　为梦而飞　红蜻蜓集团走在工业 4.0 的路上［J］. 信息化建设，2016（10）.

［5］吴桐 . 基于区域创新效率的创新型企业成长路径研究［D］. 哈尔滨：哈尔滨工程大学，2016.

［6］张振刚，陈志明，李云健 . 开放式创新、吸收能力与创新绩效关系研究［J］. 科研管理，2015，36（3）：49-56.

 经验借鉴

浙江红蜻蜓鞋业股份有限公司是一家集皮鞋研发、生产、销售于一体的时尚鞋服企业。从创业伊始至今，红蜻蜓经历了企业各个领域的转型升级，成功从当时一无品牌、二无稳定市场份额的小企业发展为如今的行业巨头。本案例基于 RCSP 范式，按照"资源—能力—行业内地位—产业定位"的逻辑线索，系统剖析了红蜻蜓在文化、组织、技术、机制方面的四轮驱动创新，探讨传统企业在新时代背景下如何转型升级。红蜻蜓转型的主要经验：①通过文化的力量激发消费者的情感共鸣和信赖，树立企业积极昂扬的价值观，营造企业浓厚的文化氛围，从根部提升企业竞争力，不断提高企业在行业内的地位。在知识经济时代中，文化的地位越来越突出，一家企业要想脱颖而出，企业文化不可忽视。文化创新可以赋予企业新的内涵，为企业生命带来新的活力，大量的企业经验表明优良的文化氛围可以使企业生命周期得以延长。②组织革新带来了新的扁平化与柔性化的组织结构、简明有效的工作流程和良性的激励奖惩机制，随着组织的优化、管理水平的提升，企业内部各环节更加稳定，为企业在其他领域逐步转型奠定了扎实的基础。传统的组织形式已经不再适应时代发展的需要，企业要想获得更长远的发展，必须改变组织形式。企业要紧紧围绕着核心、机构简化、灵活性这三个原则，建立现代化的组织形式，提高制造型企业的运作效率和企业内环境的稳定。③在新的时代背景下充分运用技术之轮的力量，拥有关键技术、知识产权和专利，能够使企业竞争力远远超越同行，从而在激烈的市场竞争中再上一个台阶。在当下信息高速发展的时代，新技术的研发与互联网、大数据、人工智能等相结合，可以给企业技术的创新提供新的思路。技术创新可以使制造企业核心竞争力得到根本性提升，且在法律体系日益健全的今天难以被其他企业简单复制。④机制创新能够为企业的模式创新提供制度基础，扩大品牌的影响力。物联网、互联网、大数据的灵活运用为企业机制的创新提供了更多的可能，启示企业从生产模式、运营机制、商业模式等方面考虑创新，传统企业不能囿于原有的模式，应优化各组成部分之间、各生产经营要素之间的组合，提高效率，增强整个企业的竞争能力。

本篇启发思考题

1. 如何看待新时代背景下外部环境对企业发展的影响？
2. 传统制造企业在转型升级过程应该注意哪些问题？
3. 在互联网时代企业文化建设的意义何在？
4. 智能互联技术的发展对组织设计会产生哪些影响？

第七篇

新型社交跨境美食平台：
"环球捕手"的生态圈构建研究

 公司简介

　　环球捕手创立于 2016 年 4 月，是浙江格家网络集团旗下一家致力于发掘与分享全球美食及美食文化，打造以美食为主的全球化生活体验平台，公司总部位于浙江省杭州市，注册资金为 1764 万元，经过两年多的发展，企业估值达到 20 亿元，目前企业正式员工数已达到 600 人。作为一家新型社交电商模式下的买卖型平台，环球捕手凭借与全球各地知名品牌商，如山本汉方、明治、卡乐比、SWISSE 等合作，打造垂直业务。环球捕手平台拥有休闲零食、保健滋补、母婴健康、水果生鲜等八大美食品类上万个商品 SKU，可满足所有人群的需求。环球捕手以全球美食为目标，探索和发现全球经典美食，在传播上结合当地的美食文化，将全球美食和美食文化分享给消费者，供消费者根据自己的喜好进行选择，使每一位消费者都可以体验到全球化和个性化美食生活。

案例梗概

　　本案例以环球捕手为研究对象，作为一家创办于 2016 年的社交电商企业，致力于打造以美食为主的全球化生活体验平台。在短短两年的时间里，平台取得迅猛发展，目前已拥有 3000 万用户与 200 万会员，并在 2 周年店庆取得日成交总额破 1.5 亿元的成绩，其成长速度和所获业绩对于社交电商行业发展无疑具有很强的启迪和借鉴价值。依据其生态圈整体运营架构图进行分层剖析，主要研究内容如下：第一，对环球捕手基于会员制度的社交电商模式进行研究与分析；第二，在"传帮带"战略下，对环球捕手基于会员体系的社群生态圈的构建进行研究，分析平台、消费者、供应商、合作方之间的作用关系以及在其社群生态圈中的作用。

关键词：环球捕手；社群经济；社交电商；会员制；生态圈

 案例全文

一、新型社交电商平台——"环球捕手"发展历程

1. 起步阶段

2016 年 4 月 10 日，环球捕手 APP 正式上线（见图 7-1），为用户提供休闲零食、保健滋补、母婴健康、水果生鲜等八大美食品类上万个商品 SKU（库存量单位），满足所有人群的需求。环球捕手以全球美食为目标，探索和发现全球经典美食，在传播上结合当地的美食文化。在上线 5 天后，环球捕手的成交总额（GMV）就突破百万元，而由于平台的快速发展，2016 年 5 月开始扩建杭州 20000 平方米的仓储中心。环球捕手以自身成绩与实力吸引了众多投资者的目光，在同年 10 月，获得 1 亿元的 "A+" 轮融资。

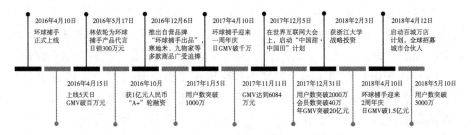

图 7-1　环球捕手发展历程

资料来源：环球捕手提供。

2. 发展阶段

经历了半年平稳高速发展的环球捕手厚积薄发，与 2016 年 12 月推出了自营品牌，其中 "环球捕手出品"、寒地米、九物家等多款商品广受追捧，并在当月在日本成立环球捕手分公司。

环球捕手紧抓消费升级与新中产女性市场，用户 93% 以上为中产阶级女

性，200：1的选品标准和严格的供应商监管制度，为满足用户高品质的商品需求。据环球捕手平台数据，2016年年销售额突破5亿元，2017年1月拥有用户超1000万，并自当月起用环球捕手水果自营仓。

3. 深耕阶段

社交电商环球捕手在两年时间内完成三轮融资，并被浙江大学战略投资估值近20亿元。2018年4月10日，环球捕手晒出两周年店庆成绩单，紧抓消费升级与新中产女性的环球捕手，通过品质产品与社交网络裂变式传播相结合的营销形式助力周年庆，最终以单日GMV突破1.5亿元完美收官两周年店庆。

环球捕手在提供线上购物服务的同时，于2018年6月起，环球捕手的社交零售基因将从线上拓展至线下，为会员提供本地生活服务。这些以家庭生活为核心场景的服务包括了本地最优秀的美容健身、亲子家政、休闲娱乐、旅游教育等，以此来满足服务广大会员日常落地的刚性需求。环球捕手由此将为电商平台与会员服务平台相结合，将线上分享落地到线下更有针对性的场景化交流，以深度挖掘消费者需求。

二、企业架构与运营流程

1. 组织框架

平台型组织，是一种由用户需求"拉动"的组织（见图7-2）。在平台型组织里，前台是最接近用户的，它们负责交互用户并理解用户的刚需；组织企业内部的资源，形成对应的产品、服务或解决方案，提供资源和机制保障。

（1）组织运行机制。作为典型的社交电商平台，环球捕手架构也主要分为前台和后台两个部分。前台的市场部负责接近用户并够洞察市场需求，包括市场部的甄选、搜索、定位、管理、推送五个部分，会员管理中心负责对会员进行运营外包，即包括物流和储货仓库等外包服务；后台是提供资源和机制支持的，他们的厚度从根本上决定了平台能够创造多大的收益。后台主要要做好以下五项工作：持续评估、持续管理、市场规划、宏观调控和资源池建设。同时，所有工作都应该基于数据化开展，只有这样才能真正实现资源的随需所用，保证高效运转。

（2）特点及优势。区别于体量庞大的电商平台，刚起步不久的环球捕手，由于企业规模较小，无须设置中台作为前后台资源的连接器，因此具备以下优势：信息传递链条更短，效率更高，无论是资源还是数据都可以进行及时

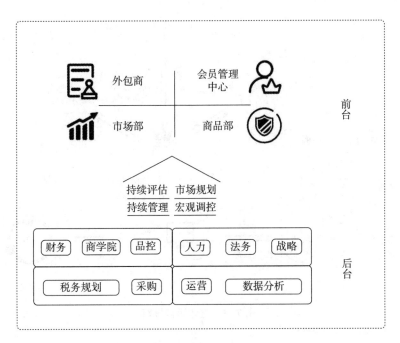

图 7-2　环球捕手组织架构

资料来源：本文研究整理。

的调配或分析；整体架构较为扁平、简洁，适合环球捕手作为初创型企业的快速发展与迅速调整。

2. 运营思路

普通用户向其上支会员提供需求反馈与产品反馈，会员为平台挖掘新用户、用户需求以及为用户提供购买意见（见图7-3）。

平台为会员提供佣金奖励，激励会员执行上述工作，并提供一定会员特权，而会员将筛选后的用户反馈传达给平台。

平台与供应商、合作方衔接，为供应商提供产品反馈和对其进行筛选与监督，而合作方为平台提供可供销售的商品以及服务。平台与合作方，如媒体、政府、品牌商开展战略合作。

3. 零售业务流程

环球捕手线上零售业务流程如图7-4所示。网上商城经营的商品主要分为自营商品与第三方商品，其中自营商品统一由国内自建仓库发出，第三方商品由供应商或品牌商直接发出。

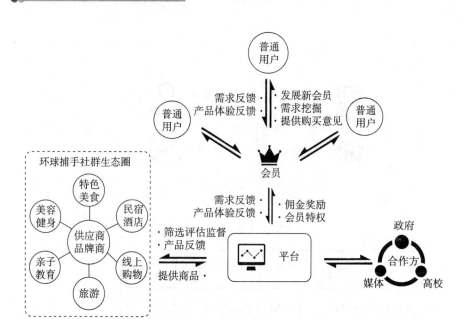

图 7-3　整体运营思路

资料来源：本文研究整理。

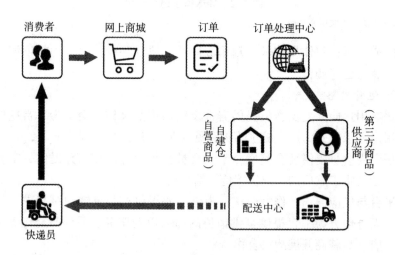

图 7-4　零售业务流程

资料来源：本文研究整理。

三、环球捕手社交电商模式分析

社交电商的运作逻辑首先是零售的逻辑，其次才是社交的逻辑。因此，其首要的零售属性决定了它的 SKU（单品种类）足够多，以用户的终极消费为核心进行选品，以抢夺现有零售的存量用户为主。而其社交属性让节点性的人和组织，在社交电商中，成为以粉丝和用户为核心的扩展逻辑。那么如何在相对固定的零售存量用户中实现稳定持续的用户增量对于社交电商来说就显得至关重要。而会员制和社交概念的有机结合，在保证会员是整体均质和忠诚度高的优质人群同时，推动口碑传播与新用户培养，这无疑为社交电商实现稳定的用户增量提供一条合理的路径。

1. 会员制度：社群生态圈的触发点

自 2017 年 11 月至 2018 年 5 月，成立仅两年的环球捕手迎来"井喷式"的会员增长。如图 7-5 所示，截至 2018 年 5 月 10 日，环球捕手用户数量突破 3000 万，会员数量达到 200 万，并在 2018 年 3~5 月，会员数量实现翻倍增长，微信讨论和百度指数，均呈现直线式上升。这些成就与环球捕手利用其会员制度重点深耕微信等社交平台密切相关。

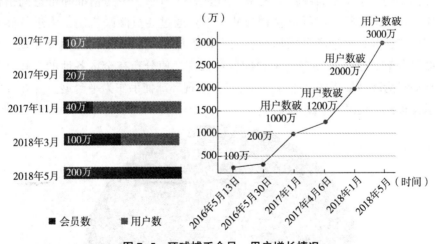

图 7-5　环球捕手会员、用户增长情况

资料来源：本文研究整理。

会员制度上环球捕手受到美国知名连锁会员制量贩店 Costco 会员制启发，也希望通过简单的会费门槛，加强会员在平台的黏性和反复购物的会员价值。

在具体的会员制度制定上，环球捕手使用三级分销制系统，个体用户缴纳399元即可成为会员，并在享受会员价、环球捕手会员体系合作伙伴对应等级会员服务、一对一定制服务等会员权益的同时，还可利用会员自身天然的社交人群属性和关系链，享受购物即可获得返利、吸引好友注册会员还能获得佣金奖励的激励机制。环球捕手正是借此实现较短时期的平台会员数量爆发式增长。

2. 会员激励机制：百万会员与员工的无缝转化

（1）轻资产式的营销推广。通过初期调研，环球捕手发现随着互联网的高速发展和信息技术的进步，媒介不再成为一种制约，人天生拥有的分享、炫耀，成为意见领袖的欲望被充分激发，而基于社交圈的分享，以个人信用作为背书，能够在一定程度上避免劣质商品的营销战。如果这种分享机制是绑定在优质商品的电商网站之上，相当于为网站做推广，但节省了高额的广告费用，从中抽出一部分"分"给分享的"推手"，能够激发分享、传播、销售的链条衔接、传递下去，形成"购物—分享—再次购物"的商业闭环。

在媒体和社会碎片化的背景下，互联网时代的社会组织结构、营销通路和传播的效果都朝着聚合性方向发展，以往基于漏斗营销模型的大手笔烧钱打广告以获取流量的传统营销模式正逐步被淘汰。因此在社群经济背景下，环球捕手选择了基于波纹营销模型，如图7-6所示，更为精准和可追溯销售线索及后续消费行为的社群营销模式。平台通过会员激励机制，为进行商品营销推广，并且促进商品成功交易的会员提供相应商品品类的佣金奖励，从而鼓励与刺激会员主动参与平台的营销推广，使分布在全国各地的200万会员自动成为环球捕手的"非正式员工"，实现环球捕手作为平台型企业在轻资产运营模式下的"病毒式营销"。

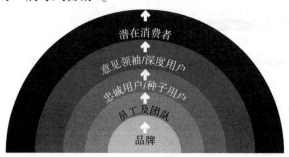

图7-6　波纹模型

资料来源：本文研究整理。

营销典例

2018 年 4 月 10 日，环球捕手迎来 2 周年生日庆，作为一家个性美食生活平台，环球捕手为全世界的吃货们打造了一个专属节日——"4·10 吃货狂欢节"。

4 月 10 日当天零点一过，盛大的吃货狂欢节全面开启。17 分 46 秒，销售额突破 1000 万元；当天下午 15 时 27 分，销售额破亿；4 月 11 日零点，"4·10 吃货狂欢节"正式落幕，环球捕手最终以 1.53 亿元再次刷新单日销售额纪录。

此次"4·10 吃货狂欢节"的销售成绩与环球捕手前期的"病毒式营销"紧密相关，活动预热期从 4 月 1 日开始，首先环球捕手在杭州地铁 1 号线进行包车广告。

在广告出街后，会员则开始以照片与小视频的形式在各社交平台中迅速传播。在通过第一批会员的二次传播后，吸引到更多会员自发到地铁内拍摄与传播，最后在 3 天内就为"4·10 吃货狂欢节"带来了上亿的曝光量。接着在 4 月 6 日，环球捕手在西湖天幕投放了广告，再次掀起会员的传播高潮。最终，促成了"4·10 吃货狂欢节"销售额破 1.53 亿元，取得了同比 2017 年周年庆增长 1500% 的优秀成绩。

（2）强时效性的信息反馈机制。环球捕手作为社交电商，通过初期实践发现仅仅依赖传统电商的产品信息反馈机制，容易存在产品反馈滞后问题，这是由于传统反馈机制设置有固定的产品反馈预警值（如淘宝的 5% 反馈预警），在反馈数量突破预警值后，平台才会发现问题产品并着手处理，造成严重的问题反馈滞后。对于电商平台，其会员积累数量的天花板主要由平台供应链和品牌形象决定，而产品反馈的不及时将会对平台建立高端、优质品牌形象造成致命的影响。基于此，环球捕手通过对社交电商模式的研究，发现该模式下的环球捕手会员制度自诞生就被赋有天然的用户反馈机制，只不过需要平台加以规范。因此在维持传统反馈机制的基础上，环球捕手以会员制度及激励机制为核心，利用其触达消费者最后一环的优势，推出一套独立的产品反馈系统，将原本由会员到普通用户的单向信息流拓展为双向信息流，由会员进行反馈信息的首轮筛选，再由会员将筛选后的信息反馈至平台，由此形成了如图 7-7 所示，区别于传统电商，时效性极强的信息反馈机制。

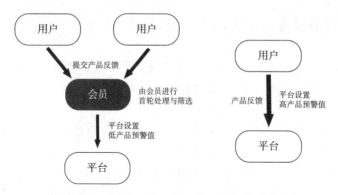

图 7-7　环球捕手与传统电商信息反馈模式对比

资料来源：本文研究整理。

在环球捕手的反馈链路中，会员扮演了最关键的产品反馈接收与首轮反馈筛选者的角色，而会员之所以能够主动承担此项职责，是由于在环球捕手的会员激励机制下，会员进行产品分享并吸引好友购物能获得相应品类的佣金奖励，而会员作为社交网络的一个节点，其下分支用户的重复购买率和忠诚度将直接影响其佣金收入。因此，会员为提高自身佣金收入，主动承担反馈接收首轮筛选者的职责以提高其下消费者购物满意度的动机。

在对反馈信息进行初步筛选后，会员将自主判断产品问题反馈的严重性以及自身是否可提供解决方案，在过滤与解决一批初级问题后，将剩余的问题再次反馈给平台。得益于大量初级问题已被过滤与解决，平台可将预警值大幅度下调，同时设置少量人工客服处理较为紧急的问题反馈，最后由平台向用户提供解决方案。由此一套拥有极强时效性的信息反馈系统得以正常运作（见图 7-8）。

3. UGC 分享社区：体验分享式的朋友圈

（1）高质量 UGC 内容的可持续生产。环球捕手将微信、微博等第三方社交平台作为外部流量接口的同时，在自家 APP 内也设置了 TAB2 "发现" 板块，作为环球捕手用户内部的线上 UGC（用户原创内容）分享社区。

在 TAB2 "发现" 的 "专题精选" "热门话题" 频道中，用户可获取其他用户发布的境内外优质商品的信息，参与热门美食话题的讨论；在 "关注"与 "推荐" 频道，用户可随时分享使用产品后的 UGC 内容，并且附上商品链接，帮助其他用户挑选商品；同时也可以浏览其他用户的分享与推荐，种草自己喜欢的商品。那么在吸引到需要或喜欢浏览境内外商品信息以及商品体

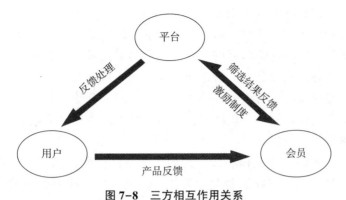

图7-8　三方相互作用关系

资料来源：本文研究整理。

验分享的用户后，如何提高线上社区用户的黏性，将浏览"发现"频道变成刷微信朋友圈一样高频次的存在，这就对平台如何保证高质量 UGC 内容的持续性供给提出了要求。

为此，环球捕手主要采取了以下两种做法：

第一，内容结构化。在大数据技术的支持下，环球捕手通过标签，将零散的用户心得集中到同类专题，并将内容结构化，用户在分享商品体验心得时，不仅可以用常规的长篇文字介绍，还可以上传高像素商品照片，照片下面还有相应的话题标签。此外，用户还可以通过评论与发布者互动，进一步了解商品使用情况。

第二，鼓励与刺激用户分享。平台设置一些激励措施，将会更有利于高品质内容的持续性产生。因此，环球捕手通过建立粉丝系统，使用户之间能够相互关注。如此一来，为促进粉丝数量的增长，用户将会发布高质量的 UGC 内容；而粉丝数量的增长，又将反向促进用户发布内容的品质。此外，平台还设置"小编推荐"，使高质量的内容分享能够登上"发现"首页或推荐、置顶，让更多用户浏览，促进用户发布高质量内容的积极性。

（2）分享型社区下的强社交临场感培养。社会临场感是传播者与他人互动时的感知，足以让沟通双方在沟通过程中了解彼此特点与沟通背后的含义，因此增加临场感将会帮助个人在沟通过程中获得更多信息和体会。英国著名社会学家吉登斯指出现代社会最基本特征是时空分离。而在网络购物环境中，由时空分离与沟通方式的变化带来新的顾客体验特征，使社会临场感成为消费者在线购买过程中重要的影响因素。

环球捕手构建的 UGC 社区，可视为一种高丰富度的社交媒体。因为社区不仅支持用户以文字、图片等形式发布产品体验与好友展开互动，而且支持能够传递更加丰富的社会线索的视频形式的信息交流，从而非常有利于用户在使用过程中感知到交互对象的存在和体验到"与他人在一起"的社会临场感。而这种与朋友间的物理距离消失和正在面对面交流的错觉，又有助于缩短用户与交互对象之间的心理距离，从而使用户产生更高的满意度并激励用户更加频繁地使用该媒介。

虽然在线购物无法获得在传统商店购物时的体验，比如感受商店氛围、与售货员接触互动、寻找感观刺激等体验。但这只是线上购物的一个侧面，真正成功的线上购物不单单是列举品牌名称和产品的类别，而是如环球捕手，利用虚拟的空间，采取体验营销的方式调动人们的主动性和想象力，让用户在购买商品前就通过他人的商品使用体验，将自己带入商品使用场景之中。

四、环球捕手社群生态圈及基础建设分析

1. "传帮带"战略下的社群生态圈

环球捕手 1.0 于水果生鲜、美妆个护、母婴玩具、服装等领域发力，打造各个领域的优质供应链，在实现满足一、二线城市家庭"一站式"购物需求的目标后，环球捕手 2.0 正式启动。如图 7-9 所示，环球捕手将落地"百城万店 GCP 计划"和 G-coffee 项目，以升级会员权益和服务为目的，打造本地生活服务社群生态圈，而用户和会员始终是环球捕手缔造的商业世界的中心。

在生态圈构建中环球捕手选择了"传帮带"战略。在该战略中，平台企业锁定一个比较垂直的流量范围，因此用户基数并不算大。在此基础上，更多的是通过紧密联系的收割者来实现商业利益，这种紧密联系以合作和投资为主。无论是否控股，收割者已经成为平台企业的"分店"，利益是高度一致的。

在这类生态里，环球捕手作为导流者将用户导入生态圈，再由其打造的特色美食、水果生鲜、美容健身、民宿酒店、旅游出行以及亲子教育等生活服务的提供方扮演分解者的角色将用户需求挖掘出来，形成了一个简单的生态基础。在此基础上，更重要的是形成收割者的环节，平台企业起到了传帮带的作用，相当于手把手地打造出了一群收割者。而在这一过程中，环球捕

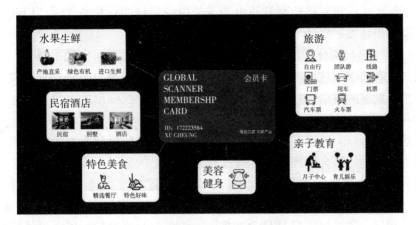

图 7-9　环球捕手社群生态圈

资料来源：本文研究整理。

手把自己对于品质的苛刻和追求个性化、非标品的两大基因注入合作对象身上，甚至还会帮助对方一起改进服务与品牌形象。

基于"传帮带"战略的特点，一方面，环球捕手自身不做，而是找更专业、更优秀的人来提供专门的服务，且不谋求股权控制，更希望是"帮忙不添乱"；另一方面，又进行了强力控制，用传帮带的方式将自己的理念注入这些企业。由此环球捕手避免了效率的降低，并能专注于平台运营、用户发展及忠诚度培养等基础建设，为生态圈导流打下坚实基础。

2. 平台运营

（1）平台精确定位。环球捕手将用户定位于具有中高消费能力的"新中产"阶级，其中具有高消费能力的女性消费者更是环球捕手的主要用户。随着经济社会的稳健发展，居民财富积累与消费能力持续提升，消费结构进一步优化，基础功能性消费支出占比进一步降低，享受型与发展型消费比例进一步提高。中等以上消费能力等人群占中国移动购物人群的比重超过 50%，某知名电商平台上消费升级品类的商品的销量占比达到 45%。

同时，消费升级也在不断向低线城市传导，在该购物平台上，二线以下城市的中高端商品（由低到高价格位于 50% 以上的品类）的客单价在逐月上升。在移动购物领域，女性用户在综合电商及生鲜电商的用户中的占比分别达到了 67% 与 53%。由此可见，环球捕手初创团队具有极其敏锐的洞察力、前瞻性与决断的魄力，他们不仅觉察到了消费者对商品高品质的需求，并且预见了该需求的爆发将使高品质电商成为电商领域的一片新蓝海，因此环球捕手能够迅猛发展也就不足为奇。

（2）平台数据分析及处理。环球捕手利用数据挖掘与大数据技术，从海量的消费者数据中挖掘消费者的需求、消费者的偏好等与用户息息相关且有助于平台发展的数据，并结合电商数据分析体系对挖掘出的有效数据进行高效的利用。

数据分析以大数据平台为基础，采用数据关联分析和数据关联挖掘等算法对大数据进行综合处理，最终通过在多维度上构建用户专属的描述性标签属性对用户的兴趣、特征、行为偏好等个人真实特征进行深度绘制（见图7-10）。而用户标签系统可以分为三个部分：数据加工层、数据业务层、数据应用层。数据加工层是最为基础的，担负着收集数据、进行最原始数据处理的职责，而数据应用层则更倾向于面向顾客应用数据的信息。

（3）社交式营销推广。环球捕手摒弃了电商平台采用的通过线上以及线下广告投放来增加平台曝光量、进行平台推广的方式，而是独辟蹊径，着力于进行会员制的建设。传统的电商平台更多地依靠各类的广告为触手来接触到潜在的用户与购买者，这类传统的推广方式具有广告的投放量大、投放的成本高的特点，但是广告能否准确地接触到潜在用户成为投放者需要考虑的因素，广告投放存在效率低、效果不尽如人意等问题，而作为独立电商平台，资金、人力、物力等各类资源有限，效率成为平台在运营时需要关注的非常重要的一点。

环球捕手则利用会员制很好地规避了上述问题。环球捕手以会员为媒介，鼓励会员有针对性地利用社交网络进行宣传。作为消费者，当我们觉得某个购物平台的使用体验与整体服务不错时，我们本身就有倾向向身边的亲朋好友进行推荐，与他们一起享受平台优质的服务。此外，基于会员制，环球捕手会提供一定的物质与精神的激励来促进这一类的推荐与分享。最后，相比于如今铺天盖地的各类广告，消费者更倾向于接受并信任身边的熟人或者亲朋在亲身使用后进行的推荐。

3. 消费者管理

（1）扩大消费者增量。环球捕手利用会员制探索低成本的用户获取模式。环球捕手的种子用户为一部分拥有广泛用户资源的微商、零售店店主，这些人本身拥有一定的销售推广的经验及用户资源的积累，环球捕手拥有他们所不具备的品牌与供应链的优势，通过种子用户与平台的优势互补，使平台既

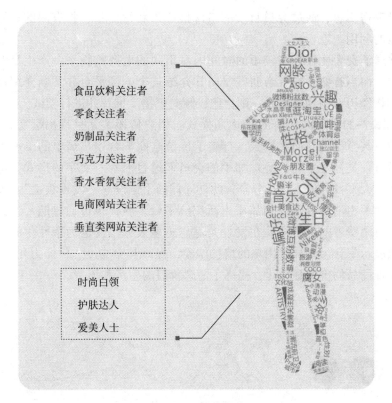

图7-10　用户画像

资料来源：本文研究整理。

好又快地完成了初期的用户积累。

在完成原始用户的积累后不断通过会员或者用户的线上、线下各种形式的宣传来推广平台，凭借环球捕手独有的会员制以及病毒式营销（口碑营销）使用户不断增殖。会员制起到了用户筛选的作用，有利于平台的高端形象的塑造，同时利用会员制中促销等手段增强了用户黏性，口碑营销从很大程度上提高了营销的效率。

电商平台进行各类营销的最主要的目的就是获取足够多的流量，但是在流量越来越贵，线上获客成本不断增加（截至2017年第二季度，线上获客成本已超过200元）的趋势下，环球捕手作为一个初创型独立电商平台，资金等各类资源有限，因此环球捕手独辟蹊径，利用口碑营销接收效率高的特点，将有限的资源投入会员制的建设、口碑营销中，通过为会员提供优质产品，让会员获得实惠，通过会员自发的口碑推广来获得流量，将有限的资源进行最高效的利用。

普通消费者比较难在较短的时间内对不同的电商购物平台产生足够深入的了解，而当有熟人或者亲朋好友向其介绍某个电商平台并不断介绍自己的良好购物经历、购物感受时，则会比较倾向于接受推荐并进行尝试。

如图7-11所示，基于社交电商模式，用户传播关系呈现出裂变式传播，用户数量甚至呈现几何式增长。打破了传统电商平台用户简单的单一购买行为。通过各类社交平台，环球捕手的会员们通过照片、文字的形式，将消费体验在各大平台与他人进行分享。此外环球捕手也设立"发现频道"，该平台是环球捕手为消费者建立的品质生活交流平台。同样也可通过照片、文字的形式，将消费者的生活体验在发现频道与更多人分享，也为个性化的美食生活提供展示平台。增加了用户的情感体验，提高其参与度、传播力和创造力。最终实现商品的价值最大化，提高了情感价值的生产和消费。

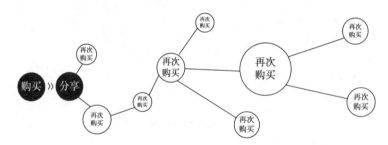

图7-11　商品体验分享的裂变式传播

资料来源：本文研究整理。

（2）培养用户黏性。环球捕手的市场定位为高品质用户群，因此培育品质消费理念是巩固用户、提高用户黏性的基础。用户黏性取决于用户使用频率和可替代性两大方面。在使用频率上，由于用户不断地进行二次曝光和宣传，环球捕手商品的曝光率一直处于较高水平，处在如此的高曝光率下，无论是用户查看、购买商品的次数，还是环球捕手平台的使用频率，也都处于一个较高的水平。为了降低其他竞争对手的可替代性，环球捕手形成了自己的特色，主攻美而小的高端美食，以品质打响品牌。当获得较多的用户量和粉丝支持后，商品种类和服务内容也开始适当增加。再加上自营仓库和成熟供应链的支持，商品能够以最快的速度送到用户手中。

环球捕手为了提高用户和用户、用户和公司之间的联系，策划举办了

"心享日""美十节"等购物狂欢节。这些营销活动达到了良好的品牌推广效果，通过环球捕手的会员在微信朋友圈等社交媒体的疯狂转发，非常好地实现了消费者之间的联系，实现了良好的营销效果。同时，环球捕手大力发展会员制度，通过日趋完善的会员福利"反哺"会员，在增强用户黏性的同时更深耕个性化美食分享平台的定位。会员们会定时进行交流和培训，既满足了各会员自身发展的需要，也间接提升了用户黏性。

在创新方面，环球捕手也做出了许多努力。首先，公司中的大部分员工都是充满热情的年轻人，对于工作有自己的想法，具有较强的创新能力。在会员服务和营销活动等方面，环球捕手都做出了许多创新尝试，和综艺节目合作、制作美食爆款、形成自营商品等。不断地创新既抓住了老用户，也不断吸引着新用户，增强了两方面的黏性。

（3）挖掘深层需求。在社交电商的平台下，会员和会员之间、会员和环球捕手之间，甚至会员和供应商之间都会建立直接的联系，信息反馈链更短，所以信息的反馈速度也更快，反馈程度也更精确。无论是用户方的需求，还是供应方的诉求，环球捕手都能及时掌握并采取行动。基于会员的分享传播，每个人的需求都得以表现并被平台获知，深层需求便自发地出现并被及时满足。可以说，在环球捕手平台下，既是用户创造了需求，也是用户挖掘了需求，平台只是作为搭建联系和提供中间服务的一个角色。环球捕手主要通过后台数据分析以及用户调研两种方式来获取用户的需求。平台通过大数据以及各类算法的应用来实时监测各种商品的点击量、购买量、收藏量、库存量以及用户在商品页面的停留时间等数据，以便于平台对不同销售情况的商品做出相应的处理。

环球捕手将用户需求的分析分为浅层分析与人工深入分析两部分，浅层分析与其他购物平台的用户分析相类似，环球捕手的后台储存有用户的各类数据，比如最近消费笔数、客单价、累计消费等，环球捕手通过大数据、数据挖掘以及人工智能等技术或手段对用户的各类数据进行初次分析，来初步确定每个用户的偏好、需求等情况，并针对不同消费者在环球捕手 APP 中推送个性化、定制化、具有针对性的商品。

而人工深入分析则是平台针对不同的用户通过发放问卷或者深入访谈的方式去深入了解用户的需求，环球捕手会不定期地对会员进行各种形式的调研及访谈，来获得平台运营所需的各类信息，其中非常重要的一部分就是会员的需求信息或与会员的需求得到满足的情况相关的信息。

此外，环球捕手的会员制也是用户需求获取的一个很好的渠道，环球捕手通过会员制所形成的高用户黏性与用户忠诚度会使用户或会员将自身的需求向平台反馈，平台会根据这些反馈来做出相应的处理与反应，以此来不断完善平台所提供的商品与服务，巩固并提升原有的用户黏性，在用户与平台之间形成良性的互动。

（4）深度运营存量用户。环球捕手会向卖货的会员提供佣金的激励，佣金的比例并不固定，平台会按照单品的类型进行比例的调整，以此来促进商品的销售，同时在促销（如每个月的"美十节"、"心享日"以及不固定的其他类型的促销）时也会根据销售的目标来提高佣金的比例此来提高会员推荐商品的积极性。除佣金之外，环球捕手还会在商品促销或者营销推广时举行一些销售竞赛，并为在销售竞赛中取得优异成绩的会员提供现金奖励或奖品奖励。

对于一些不卖货的会员或者普通用户，环球捕手也会提供 G 币来为会员和用户提供优惠并促进购买，G 币不同于其他购物平台上的优惠券，G 币在使用时没有商品品类与最低使用金额的限制，可以真正地随心使用，真正地为会员带来优惠，这种不同的设计不但促进了会员的购买，同时也在很大程度上塑造了环球捕手平台为用户带来实惠的形象，也为平台的推广宣传提供了亮点。

精神层面的激励有在平台进行各类的促销时组织一些会员的销售竞赛，这类销售竞赛不仅含有物质上的激励，更在精神的激励上起了重大的作用，平台会向卖货数量多的会员颁发各类的荣誉。环球捕手在运营中发现给予会员一些荣誉可以大幅调动会员推荐商品的积极性，从而促进平台的推广及商品的销售。

资料来源

[1] 许晖，邓伟升，冯永春，雷晓凌. 品牌生态圈成长路径及其机理研究 [J]. 管理世界，2017（6）：122-139.

[2] 张薇. 平台战略视角下我国跨境电商生态圈布局规划 [J]. 商业经济研究，2016（18）：88-89.

[3] 谢佩洪，陈昌东，周帆. 平台型企业生态圈战略研究前沿探析 [J]. 上海对外经贸大学学报，2017，24（5）：54-65.

[4] 王晴岚. "互联网+"视域下跨境电商生态圈构建策略探究 [J]. 现

代经济信息，2017（3）：316-316.

[5] 徐天杰，陈鹏. 以"互联网+"环境下茶叶 O2O 会员制营销方案 [J]. 农村经济与科技，2017，28（6）：117-124.

[6] 王千. 互联网企业平台生态圈及其金融生态圈研究——基于共同价值的视角 [J]. 国际金融研究，2014（12）：77-86.

[7] 张衍斌. 以区块链技术构建中欧跨境电子商务生态圈 [J]. 中国流通经济，2018，32（2）：66-72.

[8] 汪旭晖，张其林. 平台型电商企业的温室管理模式研究——基于阿里巴巴集团旗下平台型网络市场的案例 [J]. 中国工业经济，2016（11）：108-125.

[9] 吴敏. "互联网+"视域下跨境电商生态圈构建思路探析 [J]. 经贸实践，2017（1）：156.

 经验借鉴

1. 完善平台基础建设，引流生态圈

（1）用户定位精确，商品主打差异化。在电商巨头垄断了大部分网购市场的情况下，环球捕手依靠极度精确的用户定位在白热化竞争的网购市场获得了生存与发展的空间，并且逐渐成长，在夹缝中成功地站稳了脚跟。这说明在独立电商平台要想在电商巨头的混战中生存下来，获得发展空间，必须要依靠差异化、有针对性地精准用户定位。由于自身体量较小，能力有限，新兴独立电商平台不宜正面与已经形成一定规模的电商企业直接竞争，而是应该扮演市场利基者的角色，努力寻找没有被其他企业占据的各类细分市场，同时要敏锐地洞察消费市场变化的整体趋势，顺潮流而动。

（2）缩短反馈链，提升购物满意度。随着电商行业的日益成熟与规范，消费者维权意识逐渐增强，因此随之而来的产品问题反馈与投诉也不断增加，据"电子商务消费纠纷调解平台"数据显示，2017 年受理的全国网络消费用户投诉案件数量同比 2016 年增长 48.02%。因此，电商平台对用户反馈的接收与处理效率已成为影响消费者购物满意度的重要因素。

与传统电商信息反馈效率较低的高预警值反馈机制不同，社交电商可以会员制度为核心，利用其触达消费者最后一环的优势，将原本由会员到普通用户的单向信息流拓展为双向信息流，由会员进行反馈信息的首轮筛选，再由会员将筛选后的信息反馈至平台，由此形成时效性极强的信息反馈机制，为消费者反馈与维权提供高效率的制度保障，提升平台购物的舒适度和满意度，增强用户黏性。

（3）绘制用户画像，助力精准营销。在传统电商主导的产品思维与流量思维下，当平台完成消费者引流后，产品的各项参数以及价格就成为消费者选择的首要因素，同类产品为获得更好的排名，会不断优化各类参数。而在以社交电商为代表的去中心化的移动电商模式下，购物的发生更多不再是因为消费者产生购物的需求才去购物平台上搜索。也许只是因为消费者关注的某个公众号或者意见领袖发布的一篇带有产品使用场景的文章，由此消费者不自觉被带入了美好的产品使用场景，仿佛已经体验到了产品所带来的愉悦，从而产生该产品是必不可少的想法。而在浏览图文和商品中，并没有同类产品可以比较，只有公众号或意见领袖推荐的某一品牌。因此，与传统电商重产品不同，社交电商所重视的并不只是产品本身，还有对用户的研究与深耕。

2. 低成本构建"传帮带"社群生态圈

进入以连接为特征的信息时代，尤其是互联网和移动互联网普及后，商业元素间的可连接性大大增加，打破了原本栅格分明的商业关系。行业边界趋于模糊，企业竞争与合作范围无限扩大，进入一个"无疆界"的竞合时代。在这样的背景下，疏于连接的企业即使核心竞争力再强大，也可能面临被边缘化的危险。要在新的环境下生存和发展，企业须撬动自己所在商业生态圈的价值。可以说，发展生态圈战略，是当下时代向企业提出的新要求。

 本篇启发思考题

1. 社交电商与传统电商的区别是什么？

2. 环球捕手的社交电商模式有何特点？

3. 基于环球捕手社交电商模式与社群生态圈的构建，对中国电商企业的运营与发展有何借鉴作用？

第八篇

科技赋能，普惠四方：
金融科技助推"铜板街"高速发展

 公司简介

杭州铜板街网络科技有限公司（以下简称铜板街）2012年9月在杭州成立，是目前国内领先的互联网金融服务提供商，其以"让钱变得更有价值"为使命，以金融科技业务为核心，坚持以科技手段为小微企业及个人提供平等、透明、高效的金融服务。自2012年成立以来，铜板街在模式、产品、技术上持续创新，建立数据化、系统化、本土化的风控管控体系，对通过筛选的小微企业和个人提供高效率、低成本的投融资服务。在航空、物流、仓储、教育等行业供应链金融的模式创新、解决方案与风险定价方面处于行业领先。六年内，铜板街共获得过"2016年度中国最具投资价值企业50强""2017年度中国金融科技最具竞争力品牌奖""浙江名牌产品""2017年度浙江省知名商号""2018金融科技竞争力100强""2018中国互联网金融领军榜百强"等多项荣誉。

案例梗概

本案例以杭州铜板街网络科技有限公司为例，深入分析这家以"互联网+"为推动力的企业是如何利用新兴信息技术，打造完善风控体系并实现金融服务创新，更好地解决小微企业贷款难等问题，从而服务实体经济的。在总结铜板街发展经验的基础上，为其及所在的互联网金融行业提出可行的发展建议。相比传统融资方式成本高昂、渠道单一、手续烦琐等缺陷，网络借贷平台以其低融资成本、强时效性、高精准度等优势得到中小企业及个人投资者的青睐，且大数据、人工智能、区块链等科技的发展，在实现互联网投融资活动过程的同时，起到了风险的防范与把控的作用。

关键词：金融科技；风险控制；金融服务创新；普惠金融

 案例全文

一、金融服务创新

2003 年铜板街交易版 APP 正式上线，成为国内首家通过移动端购买理财产品的平台。2003 年 12 月，获得由 IDG 资本领投的 A 轮投资，由君联资本、联创资本领投的近 5000 万美元的 B 轮投资。2017 年 7 月，接入中国互联网金融协会信息披露、信息共享系统，合规透明。

二 、主营业务

1. 铜板街企业理念

铜板街的定位是互联网金融信息服务提供商，始终以服务小微实体经济和个人为初心，始终贯彻"坚守初心，服务小微""践行自律，拥抱合规""科技赋能，持续创新""合理预期，用户为先"的企业理念。创新金融服务方式，让金融消费者获得极致体验，符合金融行业未来的发展趋势，具有一定代表性。

2. 铜板街主营业务

（1）铜板街理财。铜板街理财是一款在线智能财富管理 APP，于 2013 年 6 月 11 日上线，提供包括供应链金融、消费金融与经营贷款、渠道机构产品的服务。根据金融消费者的不同属性及画像，基于智能匹配的大数据分析，帮助金融消费者以资产分散、风险分散、产品类型分散的目的匹配对应的理财产品。业务涉及个人小额信贷、个人农户信用贷、企业经营信用贷等多元分散普惠资产。据官网资料显示，截至 2018 年 8 月 31 日，铜板街理财平台累积交易金额达到 2612 亿元，累计成交人数达到 390 万人，累计借款企业和个人达 346 万。可见，铜板街具有强大的用户基础和金融产品来源。

（2）铜金所。铜金所是由铜板街公司出资成立。铜金所将其业务定位于一所集开放（资源共享）、跨界（跨行业领域）、透明（信息和政策公开）为一体的新型金融投资公司。致力于通过优质的风险管理服务、IT基础设施服务、支付清结算服务及数据信息服务全面提升金融资产交易信息服务效率、优化资产配置，为服务的融资会员、商业会员、金融服务会员、投资会员提供一个公开、透明、高效的普惠金融科技服务平台。

（3）行业比较。铜板街的竞争对手，如余额宝、挖财宝等，都是实力与口碑并存的，因此要想在竞争激烈的互联网金融行业中生存下来，甚至晋升为"独角兽"企业，是非常困难的。本文将选取部分铜板街的竞争对手并对其进行简单比较分析（见表8-1）。

表8-1　铜板街与其他同业产品对比

平台名称	铜板街	余额宝	天天盈	挖财宝	你我金融
定位策略	"理财版天猫"	小额现金管理工具	金融支付专家	个人记账理财平台	网络借贷信息中介平台
目标人群	小微人群，譬如农民、小企业、个人	相对成熟有一定资源和物质积累的消费群体	大型基金公司、航空公司、保险集团	新中产人群	民间机构、个人从业者
用户规模	累计交易金额2569亿元，累计交易人数389万人	总规模1.58万亿元	支持32家银行和46家基金公司的近千只基金产品，覆盖95%的持卡人	累计海内外用户1.3亿	累计借贷金额49.71亿元，当期出借人数量0.58万元，当期借款人数量13.65万人
产品形式	铜板街APP	余额宝APP	汇付天下APP	"挖财宝"APP	你我金融APP
上线时间	2013年6月	2013年6月	2006年7月	2013年7月	2014年10月

资料来源：本文研究整理。

三、Fintech金融科技——铜板街业务技术基础

铜板街各项金融业务的实现主要依赖于Fintech。Fintech是金融（Finance）和技术（Technology）的组合词，具体来说是金融业务与新兴科技（主要包括大数据分析、云计算、区块链、人工智能等）的协同发展，核心是利用新兴的互联网信息科技改造和创新金融产品和业务模式。从实施主体看，

Fintech 可以分为两大类：第一类是"Finance + Technology"，即传统金融机构利用新兴的互联网和信息科技创新产品服务，改造业务模式和转变经营管理理念；第二类是"Technology + Finance"，即由信息科技企业打造网络平台，利用新兴信息科技开展金融业（如支付结算、资金筹集等）或支持金融业务（包括提供信息和中介服务、承接金融机构的业务外包等）。后者可被称为狭义上的 Fintech，铜板街即属于后者，其在综合运用各种新兴信息科技的基础上，打造了金融信息供应及业务交易平台，建立了完善的风险控制体系，并以此为保障有序开展各项金融服务。以下是对几类新兴信息科技的介绍及其在金融科技企业中应用的概述。

1. 大数据——数据分析能力

在互联网金融环境中，大数据作为一种重要的核心资产，对它的分析和使用，将会极大地帮助金融机构更好地了解客户，与客户建立良好关系，同时可以根据数据分析进行精准营销。互联网金融的发展，产生了数量大、结构复杂、格式多样、时间和空间多维度的大数据流，也对数据分析的实时性、准确性、定制化等方面提出更高要求。因而，研究金融科技企业的发展，就必然从大数据着手。

2. 云计算——数据存储与基本计算能力

云计算是一种按使用量付费的模式，这种模式提供可用的、便捷的、按需的网络访问，进入可配置的计算资源共享池（资源包括网络、服务器、存储、应用软件、服务）后，只需投入很少的管理工作或与服务供应商进行很少的交互，这些资源就能够被快速提供。在快速变化的互联网金融行业里，云计算实际上就是互联网金融的一个支撑平台，它为整个互联网金融的发展、移动金融的发展奠定了一个安全、可靠、坚实的基础。

3. 人工智能——数据捕捉与算法能力

金融行业作为人人相关的行业，长时间的运作产生了海量的数据，包括各类金融交易、客户信息、风险控制、投资顾问等。在传统情况下，这些数据只是如同物质般存在，占据储存资源却无法有效利用，而如今，通过人工智能的深度学习系统，可以对用户信息、行为动态、甚至网民情绪等进行捕捉，然后从性别、年龄、喜好等不同纬度制作精准的用户画像，进而形成个性化、智能化的投资方案。另外在智能客服、风险管理等方面，人工智能的应用也大幅降低了人力成本并提升了金融风控及业务处理能力。

4. 区块链——基础架构能力

区块链是分布式数据存储、点对点传输、共识机制、加密算法等计算机技术的新型应用模式。区块链技术本质上是一种通过去中心化、去信任化的方式，进行记账的分布式账本技术，从而降低交易成本，提高交易效率。去中心化和信息的不可篡改是区块链两个最突出的特点，作为存储和共享数据的新技术，这为解决网络安全问题提供了一种新途径。随着互联网与金融技术的不断革新，区块链技术成为重要的产物和结晶及金融经济发展的关键所在。区块链技术应用于金融行业的征信，交易安全和信息安全，有利于形成点对点的数字价值转移，从而提升传输和交易的安全性。

四、金融科技助力铜板街建立完善风控体系

1. 对外业务风险控制体系

为实现资产和资金精准合理的匹配，对入选的资产进行风险识别，保障资金平稳运行是首要工作。为此，铜板街独创"严选资产"模式，运用大数据、云计算、分布式计算等技术建立了一套完整的风险控制体系，在严格甄别风险的前提下，深挖细分行业的投资机遇，从而为广大客户提供优质、多元的投资理财产品和定制化的专业智能服务。

对于金融消费者、银行以及第三方金融中介平台来说，只有三方力量相互制衡，才能达到最稳定、风险最低的状态。铜板街借助"B+C"风控模式（见图8-1），对借贷方资产及信用严格把控，又通过银行的资金监管进行规范，在双边交易中防止信息泄露，始终保障信息及资金安全，最终形成一个稳定的三角金融生态结构。

目前，铜板街的风控可以总结为"B+C"的模式（见图8-2），即"深度看企业+深度看资产"。

（1）企业的角度。根据经济周期对行业做出政策制定选择，从企业经营及底层资产的管理角度两方面着手，投入时间、精力甄选合作机构的资产类别。企业的经营偏向于关注财务情况、人事情况，底层资产则偏向于关注企业重大表现、成长性评估、风险压力的评估等。

（2）客户的角度。更多关注底层资产的风险管理与生命周期的管理。分为贷前、贷中、贷后的三个主体过程。

贷前主要责任在于判断贷款申请准入、身份真伪、反欺诈与信用定价合

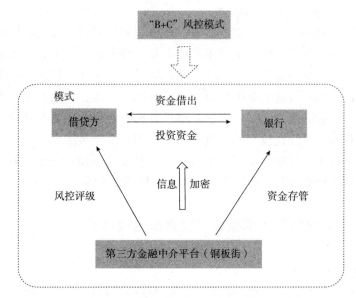

图8-1 铜板街"B+C"风控模式

资料来源：本文研究整理。

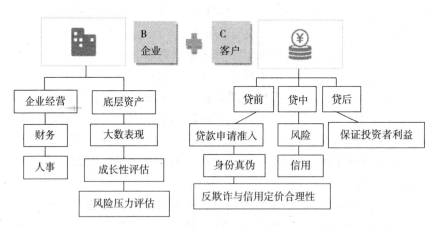

图8-2 铜板街风控"B+C"模式

资料来源：本文研究整理。

理性，即将高风险的坏资产找出来，针对留下来的资产给予合理的信用评级与定价的过程；贷中是从借款开始到还款结束前的完整过程，更多关注整个还款过程可能发生的风险信息，同时也会关注客户的信用信息；贷后则更多的是针对还款情况通过合理的手段去保证债权投资者的利益。

此外，铜板街对企业会有定期的回访。每个月都会去现场和借款人核对数据，每一天针对不同的资产和商户类别会进行实时的通过技术接口做数据的实时同步，客户除了逾期和还款情况以外，铜板街会通过其反欺诈系统，实时关注企业在整个还款过程是否存在其他同行的借款申请需求，包括有无进入风险提示的名单，以及在整个互联网或者所能搜索的范围内有偏向反面的信息反馈。一旦收集到这些案例铜板街将会采取必要手段保护投资者的债权投资的安全。

2. 风险评级

为把风险控制到最低水平，在风险识别和反欺诈领域，铜板街正积极从三个维度着手建设互联网金融安全体系（见图8-3），以预防欺诈等风险行为的发生。

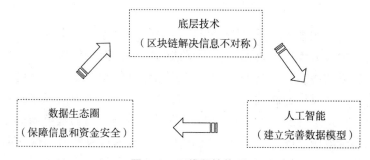

图8-3　三维风控体系

资料来源：本文研究整理。

一是底层技术，通过区块链技术解决信息不对称问题；二是打造数据生态圈，在数据方面，实现跨行业联防联控，关联信息，确保客户信息和资金安全；三是人工智能应用，通过人工智能来提炼模型之间共同点，建立完善的数据模型。同时，围绕"风险识别"和"智能评级"两大主题，铜板街分别对企业和个人的信用风险进行了识别和评级。

3. 信息加密

除了对资金的风险控制之外，铜板街依然注重利用安全技术对用户及合作伙伴信息数据的保护，并赢得了广大客户的信任，技术具体表现如下：

（1）数据信息安全。利用信息安全技术SSL加密传输方式，配备128位数据加密技术，保障用户信息和交易数据真实、安全、私密。

（2）网络信息安全。建立三层防火墙隔离系统的访问层、应用层和数据层级群，有效地防止入侵防范及容灾备份。

（3）监控安全。完善的运维监测体系，7×24 小时不间断严格监控管理。

（4）系统冗余安全。敏感数据全加密存储、每天全量冷备/热备、数据异地存储多份。

依附上述安全技术，铜板街形成了自己的一套信息加密网络，同时将人工智能技术应用到安全风险识别的"四大领域，十二大分支"，将电子签名、指纹识别、人脸特征识别等生物识别安全技术应用于用户注册、资金支付、实名认证、风险匹配等各个方面，极大程度上保障了用户及合作伙伴的信息安全。

五、金融科技创新金融服务，实现双向协同发展

铜板街的金融服务不再局限于单一推介金融服务产品本身，而是嵌入客户生活场景的方方面面，例如，在网络购物时提供消费信贷，在打车时提供互联网支付方式等，其金融服务的覆盖面更是延伸至利基市场。可见，金融服务的价值已从以往的高端客户下沉到普通投资者的手中，一方面客户自主获取信息、自由选择金融服务时间及在不同生活场景、利基市场扩张；另一方面互联网金融中介商"铜板街"运用大数据和云计算及时追踪获取客户的需求、分析客户行为以提供更好的服务。互联网金融核心业务服务客户，客户需求又反过来拉动核心业务，从而在双向驱动下产生协同价值。

1. 用户画像

在用户画像的构建过程中，铜板街使用基于 Elasticsearch（分布式全文搜索引擎）改造的 Tsearch 搜索引擎来完成海量的数据搜索。在进行标签个性化划分的时候，平台通过 Hadoop 的海量数据分析能力进行大数据挖掘，并基于客户数据形成客户标签数据，最终通过技术将冰冷的标签数据逐渐雕刻成一个个丰满的客户画像。

2. 智能投顾

智能投顾（Robo-Advice）又称作机器人投顾，指根据个人投资者提供的风险承受水平、收益目标以及风格偏好等要求，运用一系列智能算法及投资组合优化等理论模型，为用户提供最终的投资参考，并对市场的动态对资产配置再平衡提供建议。目前，基于大数据和人工智能技术搭建的智能投顾系

统，可以在构建"用户画像"的基础上，综合分析投资者的预期收益目标、风险承受水平以及投资风格偏好等不同的要求，借此判断用户的信用状况、还贷能力，实现对用户的智能化推荐理财产品，每个用户的投资方案都将根据用户需求因人而异，最终实现个人资产的优化配置和企业资源节约的最佳效果。

3. 支付环节三大升级

自创立以来，铜板街始终坚持客户第一的价值观，以科技创新、模式创新及精细化运营理念为抓手，力图为中等收入群体提供平等、透明、高效、稳健的极致体验的金融信息服务。铜板街在极致体验上再进一步，根据三大市场痛点，实现支付环节三方面升级，在"回款效率""上线 D0 放款功能""大额充值"等方面以工匠精神大做精细文章，旨在全面提升客户的支付结算体验。

4. 场景应用

随着移动互联网、物联网等技术的深入应用，既有的商业边界、壁垒不断被颠覆、重构，新的消费场景、消费文化不断涌现，不同场景间的链接成本大幅下降，用户在不同场景中切换非常便捷，线上、线下融合使线上、线下场景的关联日益紧密。相较而言，金融消费场景和其他场景的切换、交互会更自然，效率也更高。"铜板街"高度重视以创新策划撬动品牌传播，积极探索、拓展商业跨界的形式和边界，实现品效结合。

六、案例发现

1. 从小微金融服务创新四维度模型看铜板街的竞争筹码

创新四维度模型，包括：①概念创新。通过倡导一种新的金融消费方式来激起特定消费群体的欲望，引导并创造其对金融服务的需求，从而拓展新的细分市场，形成规模及品牌效应。突破当前担保方式为主的概念创新是未来金融科技企业小微金融创新的着力点。②界面创新。金融服务是消费者与服务供应商合作产生的一种效果，这决定了小微金融服务的参与者——小微企业与互联网金融科技企业存在交互作用的过程。无论是在实体网点的面对面接触，还是互联网兴起时代的人机交互，作为服务提供商的互联网金融科技企业始终扮演着创新发起的关键角色。③组织创新。组织的重要性不言而喻，它是开展金融服务的重要依托，是包括小微金融业务管理模式、分支机构与总部之间一系列制度安排的重要集合体。通过一定的组织形式，小微金融服务及其创新才能得以顺利推进。组织创新的方向之一是实现机构"扁平化"，通过减少管理层级，提升信息传导效率。④技术创新。在小微金融服务领域，计量模型、互联网金融技术、数据挖掘等技术的应用都在一定程度上提升了小微金融服务创新效率。而如今，站在"互联网+"的风口上，国内互联网金融企业也在抢占先机，把互联网、大数据作为小微业务快速发展的一块强有力的基石，使之成为小微金融创新的强劲"引擎"。

2. 从共同价值理论看铜板街的协同创新

大数据背景下共同价值有三个来源——基于"货币"的价值创造和价值转移、基于"信息数据"的价值创造和价值转移以及核心能力柔性化。大数据使"垂直整合"和"虚拟整合"的共同价值创造和价值转移发生分化，出现了基于"信息数据"的价值创造和价值转移与基于"货币"的价值创造和价值转移，而"垂直整合"和"虚拟整合"导致的弊端——核心能力刚性，被转变为核心能力柔性。基于信息数据的价值创造和价值转移以及核心能力柔性共同促进了基于货币的价值创造和价值转移，从而成为共同价值的三个来源。

（1）共同价值的双向驱动。构成共同价值的双向驱动包括核心业务拉动用户和用户拉动核心业务两个方面。这种双向驱动机制可以避免企业只注重技术创新而忽视用户的实际需求，使创新真正围绕用户需求展开，同时衍生覆盖业务的扩展，避免核心业务过于单一，促进核心能力柔性化，保持整个组织的活力和旺盛的生存能力。互联网企业和用户之间不断地发掘新的价值，且相互引导，价值在虚拟空间中不断地被创造、整合、创新。

（2）同业战略合作——铜板街着力提升业务协同效应。除了同客户建立良好关系，铜板街也非常注重跳出舒适的微型金融生态圈，实现与同业之间的战略投资。在该方面，铜板街并非单纯的财务投资者，而是通过战略投资，深化合作伙伴关系，从而提升业务协同效应。2018年5月，铜板街携手华创资本、汉能创投、联合领投专注于农村交通工具领域的什马金融，总投资额达3亿元，跟投方为宜信新金融产业投资基金及已在"B+"轮领投近亿元的信中利资本。什马专注农村出行市场，为改善中国8亿农民的绿色高效出行，搭建了互联网金融的新型消费及服务体系，铜板街也同样通过互联网金融赋能未被开发的农村市场，创新金融体验，提升农民消费者的购车体验，最终达到扎根普惠、服务实体、服务"三农"、服务小微的共同目标。此次合作有望显著提升铜板街和什马价值创造的能力和效率，强化彼此的核心能力和竞争优势。

（3）铜板街战略布局"金融科技+协同发展"。铜板街在资产、技术等方面与合作伙伴有着密切合作：一方面，与找钢网、花生好车、美利金融等企业的合作，大大拓展了平台资产类别；另一方面，与同盾科技、梆梆金服、小视科技等技术公司，为铜板街提供安全加固、智能推荐等服务，让金融科技从实践层面服务普通投资者。铜板街立足金融科技，开启平台协同合作发展之路，依靠"科技+平台"战略双向驱动。铜板街也是资产资金的中介对接平台，通过在垂直产业的深耕细作、金融科技的创新突破，得以让资产和资金实现高效对接。

3. 从铜板街对信息技术的运用分析金融科技服务创新驱动力

（1）技术驱动，提升客户获得感和满足感。在消费升级的新零售时代，作为一家定位于 AI 赋能的精品金融投资平台，铜板街利用大数据等科技手段，通过精选资产、精制产品、精准匹配，结合消费场景，为金融消费者提供了多样化的、千人千面的信贷服务，创造了便利、高效、平等的交易模式，在众多平台中做出了差异化优势，满足了金融消费者的个性化体验需求。

（2）技术创新嵌入各个业务环节。铜板街一直践行"美好商业"，即让投资客户获得更加平等、高效、透明的金融服务，助推行业实现新金融文明。其中严控风险是基本功，也是从业企业的核心能力。对铜板街来说，风控既有商业模式上的创新，也包含大量的技术创新。铜板街已将大数据、云计算、区块链等创新技术嵌入资产分散、客户登录、资料审核、资金支付等各个业务环节。

（3）金融科技架构。在金融科技构架中，从资金获取、生成、对接，到场景切入整个流程中，铜板街依靠大数据、区块链、人工智能、云计算等科技手段，紧密把控各个环节。征信环节通过大数据进行信息汇总分析、评估资产质量；智能投顾环节，通过用户的风险偏好、预期收益等指标，运用智能算法及投资后的自动化管理技术，将用户资产资金对接；支付清算环节，通过后台规范化的资金流转，为资金和资产对接提供有力的支撑。以金融业务流程为主线的金融科技产业链合理构建，高效运转，为用户提供精准匹配的智能财富管理服务。

4. 以数字普惠金融、智能财富管理构建差异化竞争优势

（1）铜板街的数字普惠金融措施。2013 年 6 月 11 日，铜板街理财交易版

正式上线，业务模式为选择与资产端的商户合作收取平台佣金，通过平台自有资金，补贴用户，做大用户规模，让用户得利。运营初期，铜板街从移动理财APP起步，主要通过与基金代销公司合作，帮助其拓展移动端销售渠道，提供高标准化的货币基金。然而，在铜板街理财APP上线两天后的6月13日，拉开互联网金融大幕的余额宝问世。面对蚂蚁金服、陆金所等平台崛起，铜板街开始从垂直产业里寻找个性化的非标资产，并逐步完成了向综合理财交易平台的转型。目前铜板街已开拓B2B市场、融资租赁、消费贷、二手车等7个资产类别。在创业之初争夺用户和流量时期，铜板街尝试过搜索引擎优化、搜索引擎营销、程序化购买、网贷垂直媒体合作、运营商弹窗、微信营销等多种渠道，之后发现了通过老客户引流以获得新客户这一效率高、客户好、成本低的独特手段。这一手段对风控的要求和对团队的精耕细作的能力提出了更高要求。因此，铜板街制定了六层风控安全保障体系，并且实施十道审核工序流程，涵盖贷前现场考察、评审会综合评估、内部专业风控审查及贷后持续性监管等方面，同时不断地对自身的风控系统做流程化、电子化、数据化更新迭代。

（2）数据驱动的智能化财富管理。铜板街在2016年初开始布局智能财富管理工具的开发，包括建立数据研究院、与浙江大学管理学院合作成立大数据研究基地、共同开发问答式理财机器人等工作。铜板街数据研究院发布的一份研究报告显示，操作简单、周期短、资金安全是用户对互联网理财的三大需求。在其他条件优势不明显的情况下，高流动性越来越成为吸引投资人的重要指标。目前，铜板街将基于已有数据分析，利用人工智能技术，打造一个"一站式"的智能财富管理平台，为用户提供更加个性化、定制化的财富管理服务。数字普惠金融很好地诠释了金融科技的初衷和目标，是让长期被现代金融服务业排斥的人群享受正规金融服务的一种数字化途径。当前铜板街的平台规模稳居全国行业前三，在激烈竞争的金融市场上已建立明显的差异化竞争优势。

5. 从精准营销理论看铜板街的用户文化

铜板街凭借差异化的极致体验服务、严谨审慎地筛选资产，在交易版仅仅上线一年就得到了投资客户的热力追捧。此后，铜板街深入挖掘客户需求，针对客户痛点不断改善服务，铜粉队伍实现了指数级增长。2015年6月11日，铜板街"6·11铜粉节"创下24小时内9亿元的销售天量，远超此前其他平台单日7亿的纪录，在流量畸贵的互联网金融行业，铜板街已然是一枚标杆；2016 年，铜粉节活动主打新方式、新玩法，大力度发放"红包""返利"，乐趣十足，客户参与活动次数更是突破 25 万次；2017 年铜粉节，铜板街推出"邀请分红""翻牌抽大奖赢苹果手机、代金券、加息券""知识互动赚钱"三重大礼，为铜粉带来实打实的实惠。此外，7 月 18 日，铜板街"开放日"活动每年在杭州总部定期举行。铜板街及其部分合作伙伴会回应平台客户的重要关切，问题大多涉及资产安全、资金安全、合规备案、产品服务等方面，部分客户将亲临现场与铜板街交流，其他客户则可通过线上方式实时互动。

铜板街自创立之日起，在各项能力建设、团队建设上花了大力气、下了大功夫，因此近六年来一直稳健发展，积累了大量忠诚的客户粉丝（铜粉），在行业风险事件频发的大背景下，与客户保持密切沟通，实时回应客户关切，既是对铜板街负责，更是对客户负责的表现。

参考文献

［1］颜如玉.金融大数据背景下互联网金融风险控制［J］.财政与金融，2017（18）：78，95.

［2］陈希.以 P2P 网贷平台为例分析互联网金融风险控制［J］.资本运营，2017（3）：234-235.

［3］胡辰.P2P 互联网金融风险控制模式及实际应用［J］.财经问题研究，2017（9）：47-53.

［4］贺建清.金融科技：发展、影响与监管［J］.金融科技，2017（6）：54-61.

［5］何苏燕.信息视角下的 P2P 互联网金融平台经济价值分析［J］.电子商务，2017（24）：49-50.

 经验借鉴

铜板街的成功主要归功于三大因素，即差异化的细分战略、精细化的业务运作以及数据化的风险管控。铜板街用科技更好地服务中产阶级、连接小微市场和金融机构，实现了差异化竞争，凸显了竞争优势。对互联网金融企业的借鉴意义：①科技赋能金融，成就企业核心竞争力，实现企业跨越式发展。铜板街将大数据、云计算、区块链、人工智能等新兴前沿技术应用于金融业务的各个流程，从资金获取、生成、对接，到场景切入等流程，紧密把控各个环节：征信环节，通过大数据进行信息汇总分析、评估资产质量；智能投顾环节，通过用户的风险偏好、预期收益等指标，运用智能算法及投资后的自动化管理技术，将用户资产资金对接；支付清算环节，通过后台规范化的资金流转，为资金和资产对接提供有力的支撑。以此打造新兴业务模式、新技术应用、新产品服务，并围绕客户价值展开一系列精准金融服务，从而提升效率并有效降低运营成本，对实现互联网企业跨越式发展具有借鉴意义。②致力服务小微和个人，以互联网金融价值链增值服务践行普惠金融使命。铜板街作为对传统金融的重要补充，力求金融效率与金融活水惠及经济社会中数众而力寡的小微企业及个人。自创立以来，铜板街始终坚持客户第一的价值观，以科技创新、模式创新及精细化运营理念为抓手，在用实际行动诠释着"科技赋能金融"的同时，也思考着为投资客户提供平等、透明、高效、稳健的极致体验和更优质、精准的金融服务。从用户特征分析与更新到行为与数据跟踪监测，从业务风险识别与反欺诈，到"X计划""T计划"等投资与分散策略，铜板街高度重视金融科技带来的平台感受，既专注于优化中后端智能作业系统，又提升前端的用户金融服务体验。③平衡好合规与创新能力成为未来行业健康发展的关键。互联网金融在技术驱动下的快速发展对监管提出了严峻的挑战，监管与创新本身存在一定的时间错配，监管制度往往滞后于创新业务的发展，创新带来一系列新的商业模式、新的技术、新的产品，原有的监管水平难以快速提升与之匹配，从而导致新型金融业态难以有效监管，可能出现风险事件，当前互联网金融市场风险事件频发与政策频出，印证了这一点，因此平衡好合规与创新成为未来行业健康发展的关键。④深化四维度组合，实现小微金融服务创新。小微金融服务的创新与概念创新、界面创新、组织创新、技术创新这四维度交互作用密不可分。任何一项服务创新都是这四维度的特定组合。新服务的出现必然伴随新概念的形成，以及与之对应的新服务传递系统（界面）、新的组织架构、新的应用创新技术和组合。互联网金融公司应当根据自身条件、能力以及周围环境特点选取适当的创新维度，准确把握关联，深化四维度组合，实现小微金融服务创新。

本篇启发思考题

1. 铜板街与其他同业产品相比具有哪些特点？

2. Fintech 金融科技有哪些类型？它们在金融科技企业中有哪些应用？

3. 金融科技如何助力铜板街构建完善的风控体系？

4. 简述金融服务融合实现双向协同发展。

5. 简述创新四维度模型以及如何运用共同价值理论构建协同创新体系。

雨洗风磨真自如，夹缝中的逆生长：
杭州自如"互联网+长租公寓"发展新模式

 公司简介

自如生活企业管理有限公司（以下简称自如）成立于 2011 年 10 月 18 日，是链家旗下一家提供高品质居住产品与生活服务的 O2O 模式互联网科技企业。自成立以来，自如一直秉承"创享品质生活"的使命，力求做全世界受人尊重和喜爱的，提供高品质居住产品，超越客户期望服务的科技公司。作为一家受人喜爱和尊重的长租公寓品牌及青年居住社区，自如旗下拥有自如友家、自如整租、业主直租、自如豪宅、自如寓、自如驿、自如 ZSPACE等产品，为用户提供保洁、搬家、维修等服务，每年交付超过 1200 万单。与此同时，自如通过现代科技的应用，为人们提供了美好的居住体验，促使居住消费市场向高质量发展。

 案例梗概

本案例以自如为研究对象，分析了自如在行业动荡环境下"困局和破局"的矛盾与突围。2018 年下半年开始，以自如为首的长租公寓行业不断受到来自"租金贷""抬高房价""甲醛风波"等多方面的打击。自如作为行业龙头更是难逃被攻击的厄运。然而，自如在这样险峻的行业背景下，凭借其互联网优势逐渐从舆论风波的阴霾中走出，并为整个长租行业开辟了一条互联网发展的新道路。本文通过"客户旅程"中重要的"归因理论模型"，概括总结互联网思维下，自如推动企业成功运营的关键"接触点"（MOT），并进一步探求各个"接触点"之间的脉络关系及贡献程度，由此形成一套完善的"自如互联网+归因理论经验"，揭秘自如走出阴霾并能持续发展的运营真相。同时，通过自如的成功经验，为未来中国长租公寓发展提供重要的借鉴意义。

第九篇　雨洗风磨真自如，夹缝中的逆生长：杭州自如"互联网+长租公寓"发展新模式

关键词："互联网+"；长租公寓；自如；归因理论；结论启示

 **案例全文**

一、自如公寓发展现状

截至 2019 年 8 月，自如已在北京、上海、深圳、杭州、南京、广州、成都、天津、武汉九座城市布局（见图 9-1），业务涉及国内外十几余座城市，服务超过 45 万自如业主和 300 万自如客。

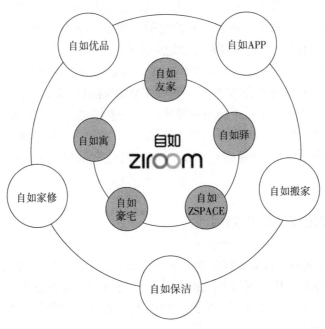

图 9-1　自如业务模式

资料来源：自如提供。

二、自如发展的困与破

2017 年，自如布局全国，相继在杭州、南京、广州、成都、武汉、天津

设立子公司。2017年9月，自如客累计突破100万，自如累计拥有房源40万间。6年来，"自如模式"渐渐得到投资方的看好。2018年1月，自如获得40亿元的A轮投资，由华平投资、红杉资本、腾讯三家机构领投。2018年6月，自如被收录于沃顿商学院并通过沃顿知识在线KW在全球发布。

就在自如发展势头猛进之时，2018年整个长租公寓行业迎来动荡时期。

2018年8月，"长租公寓爆仓，一定比P2P爆雷更厉害"，我爱我家前副总裁胡景晖关于长租公寓的一番言论掀起了租赁市场的一波风浪。就在"谁推高了租金"讨论声愈演愈烈的情况下，远在杭州的一家名为鼎家网络科技有限公司的长租公寓公司宣布破产，这起破产事件犹如平地惊雷，牵起人们关于"金融+长租公寓"模式的警觉。

一波未平一波又起，2018年9月，自如遭遇甲醛舆论风波。深陷舆论泥潭的自如，一瞬间成为民众群起而攻之的"黑心企业"代表。为拯救自如于水火，熊林（自如CEO）将所有上线房屋下架进行甲醛质量检测，并在同期推出"深呼吸2.0"产品，自如全国上线"行业首批空气检测合格房源"。

从行业发展的历史维度来看，我国租赁市场仍长期处于发展初级阶段。此番行业动荡为整个租赁市场敲响警钟。舆论事件之后，自如调整发展计划，潜心沉淀，精心耕耘，将企业未来发展的着力点放在"互联网"上。经过两年的整顿和积累，自如最终走出了一条特色的"互联网+长租公寓"发展道路。

三、归因理论的自如创新

"归因"起初是社会心理学中的一个概念，它是指人们对他人或自己的所作所为进行分析，指出其性质或推断其原因的过程，也就是把他人的行为或自己的行为的原因加以解释和推断。归因理论是关于知觉者推断和解释他人与自己行为原因的社会心理学理论。

自如作为一家互联网科技服务企业，其主要提供高品质租赁产品和高质量租赁配套服务。因此，将自如客户的互联网租赁的过程当作一次客户旅行，并将客户旅程分为三个重要阶段：①制定客户旅程生命周期；②确定公司和客户的接触点；③分析现有战略和客户期望之间的差距。

而归因理论便是对客户旅程中的第二阶段——"接触点"进行元素搜寻及内容解释的重要过程。自如作为长租公寓行业的领军企业在整个行业发展过程中具有举足轻重的作用，其"互联网+发展模式"更是值得探究。

　　本文主要目的是揭示自如成功运营背后重要的"互联网+"推动力以及各个作用力对自如的发展成就的贡献程度，这与归因模型的"接触点"理论巧妙结合。因此，利用归因理论成功解释自如"互联网+运营模式"既打破了传统分析方法的既定模式，又为"归因理论"的跨界应用开辟了一个全新的世界。

四、归因理论下的"自如与互联网"

　　"归因理论"又意为"追根溯源"，挖掘自如背后成功经验像是一场"淘宝"游戏，在这段充满挑战的冒险之旅中困难重重。不过，璀璨耀眼的宝石给予"冒险者"最大的心理慰藉。

　　1. "归因一部曲"：潺潺之声——市场定位

　　市场定位作为顾客和自如的第一个接触点，它首先筛选出价值潜力相对更大的市场和客户群体、总结市场特征及群体画像，并将其与自如产品一一对应，为之后客户更深层次地接触自如产品服务做铺垫。自如借助自身科技优势，通过大数据分析，更加准确快速地了解消费者需求，并以他们的需求为接触切入点，进行产品和服务的改造升级，将长租公寓资源流动变为有效循环，最大效力提升企业运作效率。

　　市场定位接触点分为两部分（见图9-2）：第一部分为目标人群，即与自如接触的主要客户群体；第二部分为产品特征优化，即公司为扩大客户接触切入点、更好地契合目标人群需求所做出的产品特色设计及优化。在这一阶段的接触中，接触并非只是单向的，在自如进行市场定位、确定接触客户的同时，潜在客户也在寻找能够最大限度地满足他们需求的企业或品牌。

　　（1）"互联网+"目标人群细分。随着时代的发展，越来越多的人改变观念，认为不一定要买房，在租来的房子里依旧可以拥有好生活，甚至有超五成"95后"表示能够接受"不房结婚"。但自如并没有因为租赁人群市场的扩大而改变自己的目标人群定位，相反，自如明确表示企业的主要目标人群在未来长期发展中始终是20~40岁的年轻群体。

　　20~40岁的年轻群体无疑是互联网市场的领军人物。年轻群体最重要的特征是：对互联网了解程度高；对新鲜事物接受程度快；思念比较前卫和新颖。对于自如这样的互联网企业，它能够凭借自身优势，最大限度地挖掘消

图 9-2　市场定位接触点接触过程

资料来源：本文研究整理。

费者需求信息，并进行追踪式满足。比如，自如借助租房平台 APP 给潜在消费者提供"线上视频看房""VR 看房""预约看房""线上签约""线上支付"等租房的完整体系，做到无纸化及无笔化，最大限度地满足了消费者想要"快速入住""方便看房"等心理需求。

另外，20~40 岁的年轻群体多为大学生和上班族，其租房需求是刚需，恰好满足自如自身业务发展的需要。并且，自如提供的不同产品，如自如友家、自如整租等是随着消费者年龄变化具有进阶性调整的。所以对于同一个消费者，自如能够在其毕业初期提供自如友家合租产品，随着年龄的增长，消费者有了结婚和换房的需要，自如能够提供自如整租产品，为消费者提供一个更私密的家庭空间。因此，在 20~40 岁的年轻群体上，自如与租客可以建立长达 30 多年的租约关系，相比较其他消费人群，年轻人群的挖掘潜力更大（见图 9-3）。

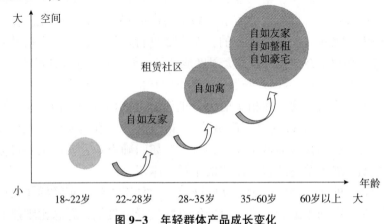

图 9-3　年轻群体产品成长变化

资料来源：本文研究整理。

　　除此之外，自如主要的年轻消费群体中年轻化业主也占据了很大的市场空间。归根结底，自如是一家具有互联网优势的资产托管企业，因此利用互联网手段简化租赁环节也是自如不可忽视的特色之一。传统租赁行业，业主卖房需要经历联系线下中介公司看房、定价、线下签合同、押金租金收取等复杂环节。但在自如业务运行过程中，租房管家只需在线上与业主沟通洽谈，并约定具体时间进行线下实勘及报价，业主可以选择线上或线下签合约的形式，将房产交托自如管理。在未来的 3~5 年时间里，收房管家定期上门查看房屋状况并上传照片至业主端 APP，业主便能轻松了解自己房屋的真实情况。另外，对于每月租金，自如会在指定时间内将房款打入业主账户，业主的资产信息也在业主端 APP 方便查询。于是，年轻化业主更注重"轻松""快捷""省心""高收益"的心理需求完美迎合了自如"互联网+"新模式。因此，年轻业主也是自如重要的目标客户人群（见图9-4）。

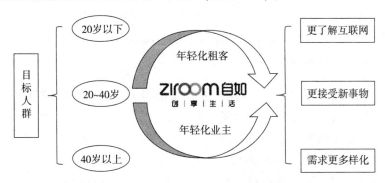

图9-4　"互联网+"人群细分结构

资料来源：本文研究整理。

　　（2）"互联网+"产品特色优化。借助互联网优势，自如对企业产品进行合理调整和优化升级。自如旗下主打实体产品主要为自如友家和自如整租。自如利用互联网技术，挖掘分析用户消费行为特征和心理需求，总结得出自如友家及自如整租产品为适应年轻群体需要应具有如下特征：

　　1）自如友家产品特征。自如友家作为自如企业最核心的合租产品，是毕业大学生及白领人士的首要选择。面对这两类主要人群工作压力大、工资不太高的状况，自如友家在房间设计上更加注重个体房间的私密设计，对公共区域进行简化设计，很大程度上提升了不同业主的租住私密性；另外在各个区域政策允许情况下，自如采取"N+1"房屋空间设计，做到真正的资源利用最大化，也为年轻群体减少生活压力。

在租客匹配和选择上，自如借助互联网数据库，根据已入住租客信息对新租客信息进行匹配筛选，为老租客挑选年龄相近、学历相近、最合拍的合租伙伴（见图9-5）。

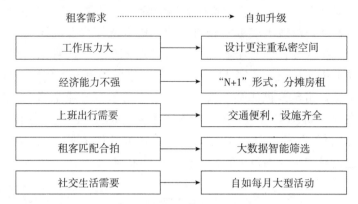

图 9-5　自如友家产品特征优化

资料来源：本文研究整理。

2）自如整租产品特征。整租产品更加适合即将步入家庭或拥有伴侣的租客。年龄的增长、经济能力的增强、家庭结构变化成为整租产品选择的三大关键因素。对于租客来说，房屋最大的特征应该是融合度高。于是，自如带着这样的初心和理念，在整租产品的设计上不但注重主卧及次卧的主题设计，还注重公共空间的融合化设计，如客厅、厨房等细致设计和温馨处理，使房屋更具有"家"的温暖。

因此，相比较其他企业而言，自如更关注消费者的需求变化。为了更好地发现消费者需求变化信息，自如企业内部定期进行系统的检查和优化升级，使整个内部分析系统能够更好地运行。所以，在互联网技术下，自如的"产品定位"便是"用户需求定位"。

2. "归因二部曲"：莺莺之声——产品服务

产品及服务是企业发展的关键要素，也是自如"互联网+特色归因模型"的第二个重要接触点（见图9-6）。作为客户与企业之间最直接、最明了的接触点，产品服务接触点可分为两部分：一是顾客在这一接触过程中对企业产品品质的体验；二是对企业服务品质的体验。而自如在这两方面品质的升级将直接影响客户的租住体验效果及服务满意度的高低，客户反馈很大程度上决定了一个长租企业未来发展的方向。

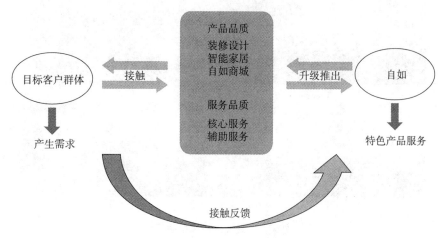

图9-6　产品服务接触点接触过程

资料来源：本文研究整理。

（1）"互联网+"产品品质升级。

1）装修设计。自如拥有专业的房屋设计团队，针对不同的客户类别、喜好及不同的产品系列，设计出了一款又一款美观舒适的房屋风格（见图9-7），比如静谧蓝的布丁风格、清语日式原木风格等。房屋通过统一设计装修，品质极佳，并且在友家这系列合租式公寓，每一个房间的风格又有区别，客户可以按照自己的偏好选择卧室。

2）智能家居。智能家居的核心是"以人为本"，让租客回到家可以解放双手，租住体验更自如、更轻松。自如利用 AI 人工智能技术和新兴物联网技术，通过搭载"LifeSmart"和"出门问问"音箱两种智能产品设备，实现了围绕多种居住场景的智能化生活（见图9-8）。

在回家场景中，租客进入房间后，只需和智能音箱说一句"你好，问问，我回来了"即可通过智能感应让客厅的灯、空调、热水器、窗帘自动开启。在居家场景中，租客可以通过声音对话，如"你好，问问，把音量调至20"或"你好，问问，把空调温度调至26℃"来控制房间的音响设备和空调设备。在离家场景时，自如配备了多重智能设备进行安全保障，例如 LifeSmart 智能系统能够对房门门禁、阳台门禁、水浸感应器进行 24 小时不间断监控，即使身在异地，家中有丝毫变化，也会在手机 APP 上及时得到提醒。

通过物联网和人工智能技术的结合，自如为用户提供安全、舒适、节能

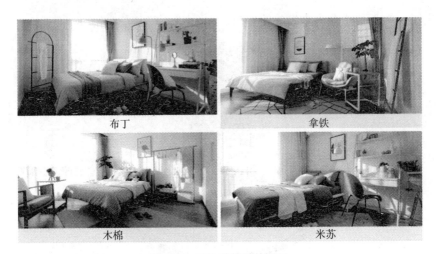

图9-7 四大装修风格展示

资料来源：自如提供。

以及多姿多彩的家居生活体验，以时尚、性感的智能电子产品使租客的生活变得更酷。

图9-8 自如智能家居

资料来源：自如提供。

（2）"互联网+"服务品质升级。作为一家长租企业，如果没有优质的后续服务保障，即使再完美产品设计也无法满足租客的租住需求。因此，产品和服务具有相互影响，不可分割的关系。自如的业务范围非常广泛：从寻找房源信息至签约托管至出租房源再到后续的跟踪保障，每一个环节都离不开自如的服务。互联网背景下，自如服务不断升级（见图9-9）。

1）核心性业务。自如拥有完整的"3合1"业务服务体系。自如"3合

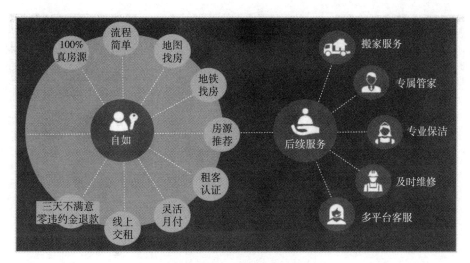

图 9-9　自如服务体系总览

资料来源：本文研究整理。

1"业务模式（见图 9-10），即以"业主端""装修端""租客端"三大端口为核心的完整业务链模式。在自如"3 合 1"业务模式下，从"房源获取"到"房屋装修"再到"房屋出租"的完整服务链条，已形成专业化的规模效应，为房东及租客带去服务便利的同时最大限度提高了自如内部运行效率。

图 9-10　自如核心业务体系

资料来源：本文研究整理。

2）辅助性服务。自如观察到了城市家政服务的巨大市场需求。为此开发的"互联网+家政"线上服务平台，是依靠强劲的互联网平台化手段、凭借自身供应商基础及强大的资源整合能力，将传统保洁、家修及搬家行业进行了平台化标准化改造（见图 9-11），成为"线上运营平台+线下标准化服务"的O2O 模式，迅速赢得了市场的认可，在满足城市生活服务的同时创造了不俗的口碑，收获了良好的经济效益和社会效益。

图 9-11　APP 三大服务界面

资料来源：自如提供。

3. "归因三部曲"：娓娓之声——价格策略

价格策略是影响客户旅程体验的又一重要接触点，同样也是最直接的接触点。无论是"购置"还是"租赁"，价格是一个无可回避的话题。中国由于庞大的人口基数，房屋有着十分广泛的受众群体，房屋市场长期存在供不应求的现象。因此，采取一个价格定制方案和价格竞争方式将为企业提供巨大的优势。

自如作为一家提供租赁产品的互联网科技服务公司，在其成立之初便将刚毕业的大学生和年轻白领作为自身主要客户群体，利用大数据技术多因素地对房源进行智能化定价，并推出各类适用于大学生和白领的优惠补助计划，使自如在短时间内得到了消费者的青睐。

（1）"互联网+"智能定价策略。在传统的房屋租赁行业，房源的出租价格往往是通过房屋拥有者的主观意愿来制定的。人工定价的随意性容易对所需出租的房源产生估价偏高或偏低的弊端。过高的价格导致房屋空置期较长，对业主的收益产生损害；过低的价格又使业主无法获取较高的报酬率。因此，合理化智能的定价系统将能推动消费者的购买决策，提高企业运营效率。

自如利用人工智能、大数据搭建了一个专业、公平、合理的评估体系，从而对所出租的房源智能化定价。自如的智能定价系统基于大数据，对非标准化的房源信息数据进行结构化，利用人工智能不断深度学习，不断优化定价系统。自如会根据所需出租房源的区域、面积、房型、朝向、供暖方式、装修风格、楼层、交通条件、其他配套设施等方面对房屋进行综合评估。再通过人工智能模拟以及大数据从历史交易数据库中选取出与目标房源最为相似的房屋进行匹配定价，并通过人工智能模拟业主在定价时的行为来进行分析。最后，系统将根据当前房源所在区域已有未出租的房源数量、消费者的咨询量、公司的优惠政策等变量对之前的价格进行一定程度上的浮动校准。

在一整套定价体系中，自如有效地排除人为因素对价格的影响，一举满足两端需求，提升平台房源租赁成交率并缩短成交周期。自如将自己定位为互联网科技服务公司而不是租赁产品提供公司，其本质在于利用互联网的优势，把社会中碎片化的资源通过系统整合的方式进行调控，达到最优的销售的效果。

（2）"互联网+"优惠福利策略。应届毕业生作为自如的主要客户，由于刚毕业步入社会时间短，其可能使用35%甚至更多的月薪用来租房，承担较大的经济压力，导致其难以适应传统的付款要"押一付三"的场景。加之如今人们对生活环境要求的提高，每一位毕业生都希望住干净房子、过品质生活，但在真正租房时又会发现不知如何挑选房子的问题。自如基于对应届大学毕业生的理解及洞察，针对毕业生一系列的租房痛点在2019年联合九大品牌开启"海燕计划"第七季。

从2011年成立之初，自如就以"产品、品质、O2O"为核心，凭借优秀的口碑和品质化服务，自如在数年间积累了庞大的租客群。在未来，我国租房人群比例进一步提升的情况下，自如的"海燕计划"也必将继续为城市持续缓解住房压力，减轻毕业人群租房负担。同时，自如对现代科技的广泛应用，将为人们提供了更美好的居住体验，引领居住消费市场向高质量发展。

4. "归因四部曲"：澎湃之声——支持系统

自如背后的后台支持系统是自如整个接触点链中最为关键的一环，它的优化提升在无形、有形之中都能够帮助消费者更好地感受到自如的市场接触点，从而优化其消费体验，帮助自如进一步完善自身的市场接触链。

如何搭建优秀高效的背后支持系统，成为互联网长租行业的关键突破点。自如通过收束信息流、资金流、实物流三者的传递链，构建出以数据为核心的新时代互联网长租数据支撑体系。自如背后所支持的各大数据、管理、监控系统，成为数据化金字塔下的坚固基石，也就成为客户旅程下推动企业达到盈利的贡献点。

（1）"互联网+"自如数据环流。首先，自如的数据金字塔建立的第一步便是成立了专业的独立中心——运营管理中心，在旗下又包括了价格管理部与流程管理部。其次，自如摒弃了传统租房业的文档式信息储备模式，通过对业务端、租客端、房东端诸如租客的租赁偏好、房东的地段分布、业务管理的经验信息等内容，三端合一将信息汇总积累到运营管理中心。最后，通过两个部门分别进行价格、库存管理以及流程、渠道优化等措施。

在自如进入数据化管理时代后，其优秀的数据管理体系将传统租房的冗长流程，全部浓缩到了手机 APP 之中。租客可以足不出户，通过手机完成 VR 看房、合约签订、缴付款项等内容，真正做到了轻便化租房数据化服务的互联网体系。

租客在入住进了自如旗下的房源后，自如也会通过租客对应的自如管家以及自如智能锁进行二次数据收集工作。例如自如智能锁会记录租客的每日出行状况，通过其出门和回家的时间，描绘出自如用户的粗略的消费者画像并且进行职业估计、划分，并向上进行反馈。同时租客也可以对于自己的租房体验在 APP 中进行实时地反馈打分，将自己在自如租房中的良好或不佳体验进行反馈，而自如也会有专门的团队进行评价的筛选收集，将所有的有效评价整理归纳后，再反馈至产品服务部门进行调整。

自如在其数据管理体系搭建上不仅仅是一个单向的数据收集体系，而是包括了双向的收集反馈后再传输给下方的良性数据生态圈（见图9-12）。自如收集到了新的租客、房东、业务信息后，会进行包括季度市场价格走势预测、风险预测、库存管理、针对评价的产品优化调整、开展业主活动等一系列动态调整，并且通过手机 APP、自如管家等途径再一次地反馈给租客、房东。至此自如便完成了其内部数据流的一次良性传递，从上至下再从下返回至上，往复循环，不断优化其服务体系为用户提供更好的服务。如果要问为什么自如可以长居行业龙头地位，并且在大环境不佳的市场背景下实现逆增长，自如的数据体系必然是它成长背后不可或缺的坚固基石。

（2）"互联网+"自如系统软件。自如在不断优化充实其数据体系的同时，也在进行着其内部的管理、分析软件的升级迭代工作。

1）超级 Z.O，自如人的"大管家"。自如在进行员工的工作、考核、管

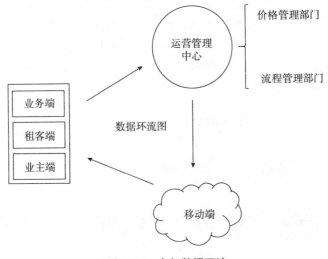

图9-12　自如数据环流

资料来源：本文研究整理。

理等内容时，使用了其公司独有的内部软件——超级 Z.O。移动化、轻便化的手机软件涵盖了传统公司的房源信息、客户信息、管理信息、工单跟进等内容，同时自如管家们也可以通过该软件进行房屋的日常管理，租客若有什么状况，管家也可以通过软件收到相应的反馈，及时进行相关的内容执行。超级 Z.O 还配备了学习平台、员工商店等多元化辅助板块，做到了自如人业务、学习一件通。

移动办公软件的运用，实现了多用户在不同时间段进行信息分享，提高了不同部门之间的协同办公能力。作为一种信息化管理模式，不仅可以提升办公效率，也可以推动企业的信息化建设。同时自如能够借助 APP 随时随地连接自如人、上下游、用户和系统、实时地进行沟通协作；APP 也可以向自如人传达工作安排，使工作效率更有效率、更简单。

2）数据软件集合体。自如在完善了公司员工上下之间的工作、协作、沟通后，同时也努力开创了众多的分析软件，诸如对接各种管理指标数据的司南系统、涵盖合同查询、提报等功能的资产系统、管理客户关系的 CRM 系统、度量衡系统等，每一款软件系统都针对着不同的公司需求、市场需求进行设计，通过互联网高效精准的动态分析，最终再反馈到其内部的核心数据库中，构建了自如多样化的数据软件集合。

（3）"互联网+"自如品质金字塔。为了贡献完美品质的产品服务来让顾客满意，自如研发其品质有三层次的思路。自如将品质管理体系分为三大层次——愉悦体验、优良品质、明确标准；三大目标——口碑化、可视化与精炼化；三大技术支持——NPS驱动、平台规则和体验系统，又将三大品质层次在产品与服务上划分为六个阶级。以下将主要通过四个层次来分析品质管理对于自如客户旅程的接触点（见图9-13）。

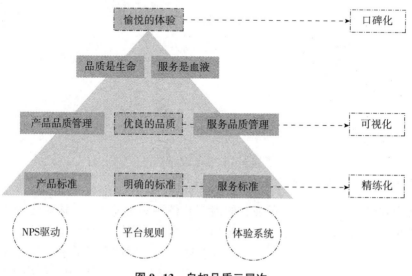

图9-13 自如品质三层次

资料来源：本文研究整理。

1）明确的标准：层次整合。自如在不断完善产品质量管理的同时，将企业又一大关键要素——"标准三层次"进行系统整合，从上到下包括了"最高层""管理层"和"标准层"。

标准层，是自如整个标准金字塔的基石，它强调着自如的服务标准和产品标准，同TQM一起把控着自如向市场提供的产品、服务。通过产品服务的严格把控，提升消费者在市场上的直接触点感知度，从而优化自如产品的市场体验。

管理层，则是负责着自如各项项目的落实工作，它贯穿在自如的内部系统之中。这一层所聚焦的是公司整体"怎么做"的环节，以及各个环节的可视化推动。

最高层，在这一层次中自如则是将目光聚焦到了企业文化、用户体验优化上来，如何多元化实现消费者价值、如何丰富企业文化，就是自如在金字塔顶端的思量。自如通过收束产品标准和服务标准后，将这两大接触点融合为了自如的企业文化，诸如 MOT、BSH 等内容，打造一个企业市场口碑。

2）优良的品质：TQM 质量管理体系。自如不仅是一家互联网科技公司，也是一家优质的服务公司，其优良精致的服务体验背后，还有着一道看门关——TQM（全面质量管理）（见图 9-14）。

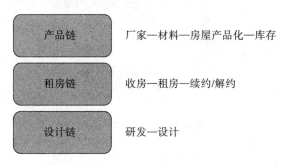

图 9-14　自如 TQM 全面质量管理三链条

资料来源：本文研究整理。

自如的 TQM 体系可以分为三个链条：产品链、租房链、设计链，通过对于各个链条的每项过程进行严格把控，从而保证自如最终面向市场的产品能够满足租客的需求同时还拥有优良的品质。

3）体验：MOT+BSH。每一位自如管家都需要满足三个方面：Behavior——行有品、Skill——技专业、Heart——心阳光等十大行动准则，只有当自如管家自身能够达到一个优良的仪态、状态、心态后才能够在面向租客时提供优质的服务（见图 9-15、图 9-16）。

另外，自如管家一直秉持着租客为重、服务为先的服务准则，时至今日，自如将这一核心理念结合 MOT 理论发展出了其特有的服务模式（见图 16），做到了真正地从服务中来，到服务中去。

4）NPS"晴雨表"。为了能够更好地量化这些评价信息，自如引用了 NPS 体系来进行用户满意度评判。通过"NPS=(推荐者数/总样本数)×100%-(贬损者数/总样本数)×100%"该公式来进行反馈当前的服务能否让租客、房东满意，当 NPS 值出现下降趋势时或者到达一个阈值时，自如便会加快评价反馈的处理优化，并且发掘出问题的集中点以便在后代产品中可以优化甚至是摒除。可以说，NPS 便是自如的用户体验"晴雨表"，通过 NPS 的变化，自如能够及时地调整服务优化的效率。

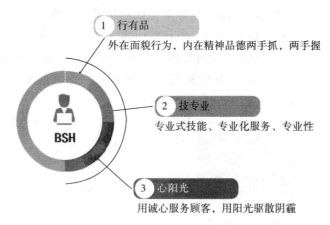

图9-15 自如BSH标准

资料来源：本文研究整理。

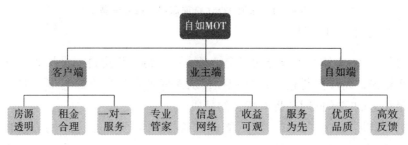

图9-16 自如MOT准则

资料来源：本文研究整理。

五、自如归因模型的分析与应用

1. 接触点贡献程度分析

作为整个自如系统运作的基石——支持系统明显拥有着最高的贡献率（见图9-17）。自如作为一家互联网科技公司，其所有的数据分析、用户关系处理、业务管理等内容都需要通过自如自主研发的众多核心系统运行，没有了这些强大的后台支持系统，自如也就无法继续开展另外三项触点的铺设工作。

而其贡献率位列第二的是自如的产品服务接触点。虽然自如客们无法接触到自如内部的后台系统，但是他们可以直观地感受到产品服务的优质体验。

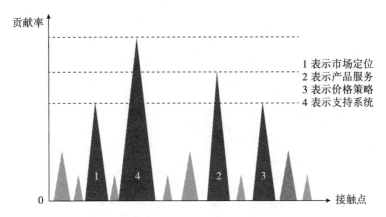

图9-17　四大接触点贡献率

资料来源：本文调研计算所得。

也正是其时刻强调的产品服务，让消费者从心中描绘出了一幅优秀的长租企业画像，从而推动了老客存留、新客入住的进程。

最后，本文尝试着比较市场定位和价格策略这两大接触点。但在同高管探讨和深入分析之后，本文认为这两大接触点的贡献率可以理解为并行同等的状态。与其将市场定位和价格策略这两大接触点剥离为两个独立存在的归因因子，不如将它们整合为一个自如的主观市场因素，这个因素在自如的整个归因模型中扮演了消费者分析和吸纳存留的角色，但又是相对于另外两大接触点有所不及，最终将它们并列放在了市场定位和后台系统之后。

2. 接触点关系链条剖析

消费者在"被触达"的过程中，企业的接触点不再是独立存在的行动单元，而是在被归纳整合后形成了一个整体性的接触链，在这个接触链中每个接触点相互之间都有着直接或间接的传递联系，接触点之间围绕着消费者价值这一核心驱动，构成了企业在现代市场环境中的归因触点链（见图9-18）。

（1）核心端口——支持系统。后台支持系统这一接触点不仅仅是对消费者端口的核心基石，也是自如内部发展创新的重要筑基。它的发展在无形和有形之中都提高了消费者的接触感知度以及其他接触点的质量基准。后台支持系统的提高，帮助自如的市场分析能力、科学定价标准、员工协作平台等内容不断提高，进而提高了自如自身的业务水平、决策科学性。

（2）间接端口——市场定位。作为唯一一个间接的触点端口，市场定位是建立在后台支持系统的有关应用软件上为自如进行相关的数据分析、市场

图 9-18　自如特色归因模型

资料来源：本文研究整理。

趋势判断、消费者群体细分等内容的触点。自如对不同消费者群体进行科学化分类，在无形之中提高消费者的自如客体验，从而优化消费者触点感知度。

（3）直观端口——产品服务及价格策略。消费者在触点链的接触中，产品服务和价格往往是最先呈现在消费者面前的两大触点。而产品服务和价格策略也都是建立在其后台支持系统之上的，后台支持系统是它们的隐形基础，它们则是后台支持系统的直观体现。在后台支持系统推动下两者的创新提升，消费者也是在不断提高的产品服务、不断优化的价格策略中，感知到自如触点链的存在。消费者的反馈是自如后台支持系统优化的方向标。消费者的消费倾向反馈、服务等级的评分评论、价格策略的市场反响等，通过多方面的数据汇总、归纳，自如的后台支持系统进一步科学地进行优化升级，从而提升整条触点链的迭代升级。

3. 自如归因模型的启示与应用

在时代的潮流中，自如勇于开拓，成为长租行业中携手"互联网+"的先导者，做到了长租行业首个无纸化租房的开创者。自如不单单是一个租房中介公司，更是一个凝聚了时代科技的互联网科技公司，无论是其所打造的数据流收束分析系统，还是其分析管理企业的软件系统，都展示给了行业"互联网+长租"的成效和魅力。"自如特色归因模型"将运用在自如企业运作的方方面面：

（1）精准定位全覆盖。自如在进行自身的**市场定位**时考虑到了方方面面：面向青年人群的自如友家、面向家庭组合的自如整租、面向背包客的自如驿等，全方位地考虑了有租房需求的人群，无论是刚毕业的大学生想要找一个长期住所，还是一个说走就走的驴友想要物色一个短期民宿，自如都可以为他们提供满意的房源和服务。

而且自如的市场定位还具有极佳的反馈性。自如通过各类用户租房评价、管家咨询等方式来进一步地收集各个人群对于不同类型房源的评价反馈，然后借此来不断改进自身服务中的不足之处。

自如通过一个早期的精准用户画像描绘后，取得了一个良好的市场反馈，再通过这些市场反馈，进一步地优化企业内部的用户画像，将这幅画像越画越好、越画越细，更加精准地体现用户需求，进而更好地提供服务。

（2）推陈出新重产品。自如在产品迭代创新上也拥有着极大的潜力。从最开始推出的"自如1.0"到现在的"自如6.0"，不单单是房屋装修风格的改变，其中的装修材料、服务管理、物业系统都是一代代进行着优化升级。

自如的创新并不局限于房源款式的创新。为了方便广大租客，自如在其APP上推出了自如官方运营的线上商城——自如优品，其提供了包括家具、摆饰、器皿等经过官方筛选的优质好物，打造出了一个"淘宝+宜家"的结合体，来满足租客的购物需求。

不断更新的产品线、不断充实的产品库让自如始终在市场中展现出一个富有生命力的形象，这也是目前传统长租企业所不能及的地方。而一个企业想要不断进步，为消费者提供更好的服务，这样的生命力是不可或缺的。

（3）智能定价多优惠。自如利用人工智能和大数据搭建起专业、公平、合理的定价体系并与优惠政策形成组合拳，不但让更多的消费者能够负担起租金，而且又能高效地进行自身的库存管理和房源价格管控，从而提高自身在行业内的市场占有率。

（4）数据服务奠基石。无论是自如数据金字塔的搭建，还是企业内部的超级 Z.0 软件运用，都可以发现自如在建设企业时的良苦用心。在企业发展中，数据是一双能看清前方曲折的眼睛。自如通过旗下的运营管理中心的各项系统建设，将冗杂的市场数据高效地展现在决策者面前，让决策者可以更加理智地站在高处"俯瞰"各个方面的信息，减少出现疏漏的情况。

自如为了给广大租客提供更加优质的服务，也在各个自如管家进入公司后便强调着 MOT 与 BSH 两大自如服务核心。"用好的仪态、状态、心态来服务租客"成为每一位自如管家的座右铭，也正是日日铭记着这些核心要义，自如管家才能够在租客面前展现出优秀的仪态风姿，提供温暖的自如服务。

自如的成功并不是侥幸，而是用服务和数据牢牢筑实的地基不断支持着自如在行业中破风斩棘。

资料来源

[1] 王建红. 长租公寓行业发展现状、问题及对策研究 [J]. 住宅与房地产，2016（33）：237+240.

[2] 谢晟. 美国长租公寓融资模式对我国的启示 [J]. 中国房地产，2018（14）：55-58.

[3] 何钐. 基于归因理论的网络口碑中矛盾效应的研究 [J]. 市场周刊（理论研究），2015（2）：50-53.

[4] 罗孟竹. "互联网+"背景下长租公寓盈利模式浅析 [J]. 太原城市职业技术学院学报，2017（5）：170-171.

[5] 张敏. 资本风口还是盈利黑洞？长租公寓模式之辩 [N]. 21 世纪经济报道，2018-07-30（022）.

[6] 张永岳. 推动住房租赁市场成为新"风口" [J]. 智库时代，2017（4）.

[7] 周敏. "互联网+长租公寓"火热 [J]. 沪港经济，2016（3）.

 经验借鉴

本案例将心理学"归因理论"跨界应用，深入挖掘长租行业动荡背景下，自如成功走出阴霾并持续发展的运营真相。研究囊括企业运营的全过程，主要从自如企业的市场定位、产品服务、价格策略、支持系统四大角度进行探索，从而总结得出各个"接触点"对自如企业运营的影响程度和内在关系。"自如特色归因模型"是在自如"互联网+"发展运营模式研究成果基础之上，结合归因理论在心理学、经济学上的历史应用经验概括得出的一种创新应用机制。该模型较好地解释了自如发展成功的商业奥秘，同时也为未来中国长租公寓发展提供重要的借鉴意义。自如发展模式经验总结：①精准定位，对应开发长租产品。企业的市场定位是否准确、合理，直接关乎到了企业的盈利、市场反馈，甚至企业的存亡。在顺应互联网时代大背景之下，发现顾客新需求、寻找满足新需求的新市场定位及开发新产品将是长租行业各企业的主要竞争点。②优质服务，打造租客生态圈。长租企业不仅要满足租客的居住需求，也注重于满足他们的更高层次的需求，全力营造一个轻松快乐、富有创造力的租住圈。缔造更加美好的居住生活场景，争做"城市生活服务商"，应成为长租企业的发展目标。③互联网高新技术支撑。科技是第一生产力，互联网技术是互联网时代必不可少的能力。在长租公寓行业，企业合理灵活地运用互联网、大数据等工具，有助于企业更好地服务于客户、创造价值，有助于资源的优化与整合，更重要的是有助于行业的健康发展。④科学有效的管理体系。一套科学有效的企业管理体系，包括业务管理制度、产品服务品质管理、员工管理等。如何将不同的业务进行合理的分类、管理，使众多业务线不交叉，业务进行不混乱，对长租企业发展至关重要。

本篇启发思考题

1. 自如在发展运营过程中遇到了哪些困难？
2. "归因理论"如何较好地运用在企业运营发展层面？
3. 自如特色"归因模型"具有哪些特点？
4. 自如"互联网+发展模式"对长租公寓行业未来发展有什么积极意义？
5. 你对长租公寓行业发展有什么意见和想法？

第十篇

"沥"足脚下，筑路未来：
磁力法则吸引下的联程绿色管理"5R"模式

 公司简介

　　浙江联程建设有限公司（以下简称联程）成立于2010年，是浙江诸暨建筑领域崛起之新秀。公司的主营业务包括公路工程总承包、市政公用工程总承包、房屋建筑工程总承包、水利水电工程总承包、公路养护工程专业承包、城市园林绿化工程专业承包、建筑装饰装修工程专业承包、城市及道路照明工程专业承包、机电设备安装工程专业承包、土石方工程专业承包、钢结构工程专业承包等。相比于传统的公路工程建设和养护企业，联程建设引进德国高新技术及相关设备，秉承"环保"和"创新"的企业经营理念，从设备研发制造、工程项目管理、人员调配培训、实地工程施工等各环节融入绿色环保的观念，旨在为城市建设绿色、高质量、安全和耐久的公路。公司9年内先后在浙江省内开展50余项工程项目，其中包括诸暨多条国道省道及主干线工程，如三环线、绍甘线、京福线国道、嵊州路大段等，为诸暨的城市建设贡献十分重要的力量。2018年荣获国家高新技术企业称号，属于浙江省建筑相关民营企业的典范之一。

 案例梗概

　　浙江联程建设有限公司是一家典型的中小型道路建设企业，建筑行业面临"环保"和"挂靠"两个难题，公司抓住机遇、迎难而上，通过加强企业文化建设和生产价值链绿色管理，成为诸暨同行业唯一存活下来的沥青砼生产企业，并一举在该行业中成为全省道路建设模范企业。本案例以联程建设为研究对象，分析企业文化建设与绿色生产价值链现状，运用磁力法则和绿色管理"5R"理论，凝练联程绿色管理"5R"啮合传动模型及其运行机理。通过本案例的研究，对中小型道路建设企业绿色管理、转型升级、企业文化建设，实现可持续的绿色发展具有借鉴意义。

关键词：绿色管理"5R"模型；磁力法则；企业文化；啮合传动

 案例全文

一、联程建设组织架构

联程建设架构较为扁平化（见图10-1），主要分为财务部、人力资源部、经营部、行政中心、招标部和工程部，其中人数最多且最核心的部门为工程部。财务部：主要进行每次工程的收益和成本费用开支记账核算。人力资源部：负责管理公司在职员工薪资和规章制度，其中制订各级人才培养计划和让人事管理制度人性化是部门工作的主要重心。经营部和行政中心：主要负责采购、经营情况监督汇总和日常行政事务等。招标部和工程部：主要负责工程招标、政府企业合作关系事务以及工程，其中主要的公路项目人员和设备技术人员隶属于该部门。

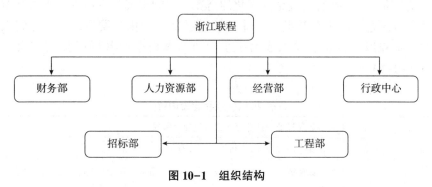

图10-1　组织结构

资料来源：联程建设提供。

二、企业发展中的内忧与外患

1. 内忧：企业人才短缺

建筑企业承包工程需要相应的持资格证工程师，但建筑行业资格证较多，例如建筑造价工程师资格证、监理工程师资格证及土木工程师资格证等十余项，一般企业专注于一种类型的工程项目，也需要有多位不同类型的工程师协作。因此，十年前建筑行业"挂证"的现象颇为严重，主要源于"有证"和"无证"的员工薪酬的差距悬殊，很多企业采用"买挂靠证"+"低成本低素质"员工的方式获得工程运营权。如今，随着国家相关建筑行业的政策趋严，建筑业市场改革向纵深推进，行业监管更为规范，建筑类企业遭遇"大洗牌"。其中，"持证"要求逐渐变得严苛，不仅增加每个工程项目所需的"持证"人数，更是增加了"持证"的类型要求，还加大了监管力度；同时，每年考试难度增加。毫无疑问，"持证"人才变得尤为珍贵，人才成本费用逐渐上升，导致各个企业持证人才短缺，成为建筑企业的"内忧"问题。特别是中小型道路建设企业，大多存在员工技术能力偏低和整体能力素质较低的情况。

向外引进人才的高成本和解除现有无证员工的不可实践性，使江浙一带的企业的生存面临了重大危机。对于中小型道路建设企业来说，想得到低成本的"有证员工"，唯有通过企业文化的搭建，才能实现自主培养、吸引并留住人才，解决企业的生存难题。企业如何通过企业文化的发展，从而达到人才的自我培养以及自给自足，成为中小型道路建设企业共同面临的重大问题（见表10-1）。

表 10-1　联程建设内忧

内忧	以前	大多数通过证书挂靠方式获得过程经营权
	变化	国家加大监管力度，"持证"禁止挂靠
	挑战	联程如何通过企业文化建设，构建学习型组织，培训与考试，获得"持证"人才

资料来源：本文研究整理。

2. 外患：加大环保督查力度

企业面临的另一个重要问题来自环保督查加强。近年来，我国对环境保护越来越严，颁布出台了各类绿色环保政策。其中，2017年住建部发布了《建筑节能与绿色建筑发展"十三五"规划》，旨在建设节能低碳、绿色生态、集约高效的建筑用能体系，推动住房城乡建设领域供给侧结构性改革。随后各地方政府陆续出台了关于绿色建筑的各种财政政策、激励政策和法律法规文件，明确了将绿色建筑指标和标准作为约束性条件纳入总体规划、控制性详细规划、修建性详细规划和专项规划，并落实到具体项目。因此，建筑行业的发展面临了巨大挑战，对中小型道路建设企业的影响尤为严重，从2017年开始，因环保不达标被停顿整治的建筑企业数以万计，大片建筑工地被勒令停工。

对于民营的中小型道路建设企业来说，绿色管理并非对一个环节进行改善，而需要对整个产业链各环节进行绿色管理，需要花费大量的成本且还难以一开始达到量产。因此，企业需要进行渐进式转型并考虑各环节的绿色优化问题。除此之外，针对价值链各环节的稳定衔接产生协同作用等，也是企业不可忽视的一个重要因素。在考虑绿色管理的同时，中小型道路建设企业不能简单地认为"绿色"是"成本"，需要用长远的眼光认为绿色转型是"机会"，可以通过节约原料、能源以及产品绿色品牌化获得更多订单，从而创造更高的经济效益。如何衡量绿色转型花费的成本和带来的长远经济效益，成为企业必须面临的问题，需要用战略管理的眼光看待，同时，如何在各个价值链环节进行绿色化管理并产生协同效用也成为联程建设的一大难题（见表10-2）。

表10-2 联程建设外患

外患	以前	中小型企业为降低成本，采取粗放型经营模式
	变化	国家政策加大绿色环保力度
	挑战	联程生产价值链各环节实施绿色管理，为企业发展夯实基础

资料来源：本文研究整理。

因此，本文选取了浙江一家在公路工程建设和养护领域颇具特色的中小型道路建设企业——浙江联程建设有限公司，用来解读以下问题：①中小型道路建设企业如何通过企业文化建设实现企业长久发展；②中小型道路建设企业如何通过价值链各环节绿色管理实现企业长久发展；③两者如何有效结合促进高效发展。本文将从基于磁力法则的企业文化建设，构建绿色管理

"5R"模阐述联程管理创新。

三、基于磁力法则联程企业文化建设——三"不"走原则

1. 磁力法则

磁力法则是一种偏重心理的管理，强调从员工角度出发、以人为本的制度化管理。

不强制留人。首先，人才合理流动有利于生产资料和劳动力最佳组合，充分发挥人的潜力。其次，对企业来讲，人才流动可以促进人才更新。对于执意要离职员工还要认清员工离职的动机，这些动机为企业改进与长久发展提供实际背景。所以，强制留人不但对下属不利，而且对企业也不利，实际上是一种双输行为。

消除下属的不安。工作中时常会出现种种因素，令下属感到无法安宁，如果这些因素是领导或企业造成的，领导或企业要设法消除他的不安。只有消除了下属的不安，员工才会一心一意地专注于工作，为企业服务。

制定灵活的制度。苛刻的制度令人不安，如果无法改变制度，就在权限内让制度活起来。严格地说，安定人心是管理的最终目的。"将心比心"是解决员工问题的好方法，而"将心比心"的真正含义是"和而不同"，了解员工的感受但未必接受，使双方达到融和的一体，然后再去影响。

2. 底层磁石——磁力法则

磁力法则是整个模型的"底层磁石"（见图10-2），代表着企业将"磁力法则"管理理论运用于企业文化建设中，如同磁石一般牢牢地将上层的"5R"齿轮吸引，象征着企业的文化建设具有磁性作用——中小型道路建设企业绿色环保转型升级依赖于特色的企业文化建设，凝心聚力后才能寻出路、谋发展。

（1）第一"不"——不强制留人（见图10-3）。

事业留人。联程建设对人才建设的意义、作用和发展趋势有着清楚的认知，建立起能体现人才劳动价值的薪酬制度，真正建立起以业绩和效益为基础的分配机制，向关键岗位和特殊人才倾斜，真实、客观地反映人才的价值，保证各类人才得到与他们的劳动和贡献相适应的报酬。在薪酬发展上，联程建设通过其特有的薪酬制度将人才报酬和企业的资产增值相联系，将员工的发展和企业的利益相联系，使人才体会到企业对其工作业绩的认可，增强员

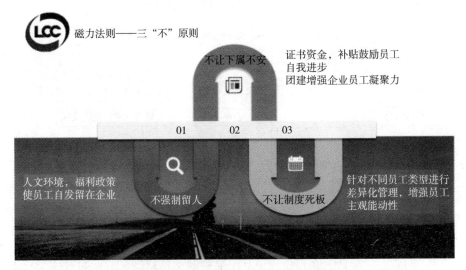

图 10-2 磁力法则——三"不"原则

资料来源：本文研究整理。

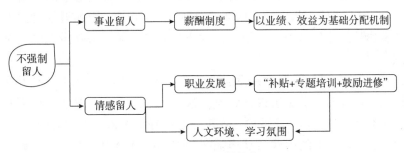

图 10-3 不强制留人

资料来源：本文研究整理。

工对于联程建设的归属感。

情感留人。凡是优秀人才，大多富有进取精神，非常看重学习和成长机会，重视企业内部的文化氛围。联程建设通过对于员工证书补贴以及学历补贴的方式，在企业内部营造出良好的文化和学习环境，把人才职业发展前景和专业继续教育作为留住人才的一项重要举措，采取专题课程培训、学历进修等各种方式，为优秀人才提供"充电"机会，让各类人才在企业中如鱼得水，努力实现企业战略目标和人才良性成长的有机结合。

（2）第二"不"——不让下属不安（见图10-4）。

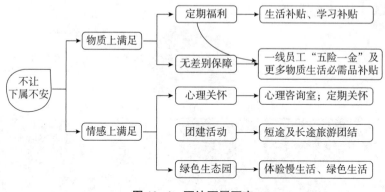

图 10-4　不让下属不安

资料来源：本文研究整理。

1）物质上的满足。联程建设设立了完整的奖惩机制，并通过证书奖金和学历补贴等各种方式，给予联程建设员工在物质上的满足，并会通过定期的福利发放给予员工生活的补贴。对于一线施工员工，联程建设同样给予"五险一金"，使一线施工员工的生活能够得到更好的保障。联程建设通过对员工金钱或者物品的补足给予员工更多的物质生活必需品，增强员工的安全感和幸福感。

2）精神上的满足。联程建设通过对公司员工定期的心理关怀，并在公司内部设立心理咨询室供员工排忧解难。这使员工的心理状况能够得到及时的关注，能够增强员工对于企业的信赖度，在心理上增强员工的安全感。同时，联程建设还通过定期的团建活动增强团队之间的凝聚力。每月一次短路程旅游的团建方式使员工的身心得到一定的放松，感受大自然的四季变化；并在此过程中，通过一些团建活动增强了团队之间的配合度以及员工对于联程建设的安全感。公司还为员工单独建立了"绿色生态园"，让员工体验慢生活节奏，增加员工幸福感。

（3）第三"不"——不让制度死板原则。联程建设针对不同类型员工进行分类管理，而非"一刀切"式的管理，员工类型大致分为不同工种、不同工龄等，甚至深入不同员工性格和不同心理状况，使管理方式大体适合员工个人，使员工个人对于企业具有较高的满意度（见图10-5）。虽然这样的管理增加了人力资源部门的工作负担，甚至可能出现过于人性化管理而导致有失公平，但联程建设从创办之初便落实并不断完善该管理政策，逐渐形成统一有效的体系，积累起较高的人员差异化管理门槛，不仅让各层员工的工作具有很强的自主能动性、高效性，同时增强员工的归属感，减少员工流动性。

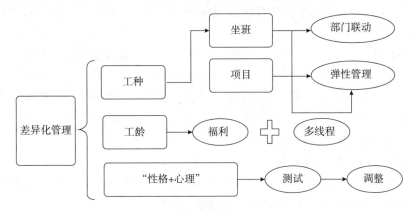

图 10-5　联程建设差异化管理模式

资料来源：联程建设提供。

　　针对公司固定坐班人员，公司非死板地遵循"朝九晚五"上班制度，而是根据岗位工作内容进行弹性工作制度和加班制度。例如，财务部、工程部和招标部联系紧密，通常在公司工程较少时适当减少上班时间但仍以日薪计算，在工程较多时增加上班时间，这样保证了员工工作任务和工作时间相匹配，同时也降低了加班费用。

　　针对工程施工人员，主要采取正式固定员工和兼职员工配合制度，固定员工主要负责核心重要的任务且薪资较高，兼职员工所负责内容对整体影响较小，整体提升了工作效率并避免了过高的额外开支。

四、联程绿色管理"5R"啮合传动模型及其机理

1. 联程绿色生产价值链

　　联程建设以"能源和原料—生产—储存运输—施工—项目管理"为生产价值链，将"绿色无污染、环保零排放"的绿色环保理念融入企业发展的全方面、各环节，构成了联程绿色价值链现状。

　　（1）能源和原料。联程建设主动在能源和原料使用上寻求改变，能源方面摒弃了原来将煤油或者重油作为加热燃料的方法，减少了苯并芘、一氧化碳、硫化物等挥发性废弃物的排放。在原料方面，公司改变了传统的

沥青生产，企业采用了发泡沥青加工后形成泡沫沥青。此外，公司采用的铣刨料为高速公路的水稳基层铣刨料，对铣刨料进行筛分实验并加工生产成合适的混合料，该混合料有助于泡沫沥青冷再生技术在公路上的运用达到最佳效果。

（2）生产。联程建设于 2015 年开始建造浙江联程养护综合体项目，项目建设面积约 120 亩，总投资约 1.5 亿元。2017 年 5 月 2 日，绍兴市首座封闭式环保型沥青混凝土拌和站建成投产。先进的拌合楼和料仓系统完全被罩在 35 米高的钢结构厂房中。在这里，沥青和水稳层混凝土料加工"看不到烟尘、闻不到气味、听不到噪声"。

项目厂房采用全封闭钢架结构，顶棚设雨水收集和光伏发电系统，厂区内设置降噪除尘、扬尘控制、等离子及光化废气处置等处理系统，主拌和设备具有自动化程度高、计量精确、品控稳定等优点。

（3）施工。针对每年破损路面铣刨下来的大量沥青废料，联程建设于 2013 年专程从德国进口维特根 WR2500S 就地冷再生设备并更新了冷再生技术。WR2500S 就地再生设备的核心是一个装有 216 个硬质合金刀具的切削转子。转子在向上旋转破碎原路面材料的同时，热沥青、水和压缩空气通过一排相互独立的发泡腔，并经喷嘴均匀地喷洒到刨松的旧路面材料中。该设备可以实现就沥青路面的泡沫沥青就地冷再生、乳化沥青就地冷再生和水泥半刚性基层的就地冷再生。

（4）项目管理。为高效地进行项目管理，联程建设根据旧路面的结构及损坏情况总结研发了两种不同模式，即沥青面层的就地冷再生（Cold In Place Recycling，CIR）（见图 10-6）和沥青面层及部分基层的就地再生，也称之为全厚式再生（Full Depth Recycling，FDR）。通过项目管理能够最大化减少资源消耗，有利于高效地完成目标。

2. 联程建设绿色管理"5R"

Research（研发）：在建筑工程项目中，研究过程中考虑"绿色环保"是当下的大势所趋。做好建筑项目的绿色施工管理尤为重要，各相关部门应当对于施工项目有一个深入了解，并积极探索和研发创新绿色施工技术，利用新型技术达到节能减排的目的，从而实现建筑工程的绿色管理。

Recycle（循环）：建筑行业的材料的再生利用，相较于传统的方法，具备五大优势：第一，减少了大量砂石材料的开采，也避免了旧材料对环境的污染；第二，改善道路结构，延长使用寿命；第三，保证再生层的质量；第四，

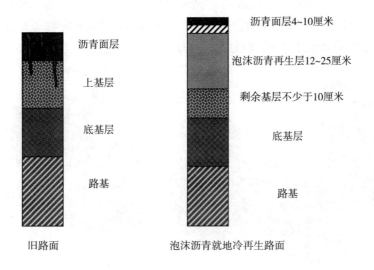

图 10-6　沥青面层就地再生（CIR）

资料来源：联程建设提供。

养生期短、施工效率高、对交通干扰小；第五，节约了工程造价。

Reduce（削减）：低碳建筑已经逐渐成为国际建筑界的主流趋势。我国的建筑业应全面实施绿色施工，淘汰传统重污染生产工艺和设备，承担起可持续发展的社会责任。绿色施工是指工程建设中，在保证质量、安全等基本要求的前提下，通过科学管理和技术进步，最大限度地节约资源与减少环境负面影响的施工活动。

Replace（替代）：绿色能源及原料替代理论在生产所用原料、生产技术、产品的设计等方面提出要求。此外，绿色能源对企业提出更高要求，从可持续经营发展的角度企业需要转变获取能源的方式。这样的企业战略有助于我国的实业健康、绿色的发展。

Rebuild（重建）：重建绿色企业形象和重建人才储备库是企业在全行业面临环境与人才两大难题背景下的核心竞争力。企业生产经营活动绿色化、证书挂靠生存发展模式转型升级是对企业发展做出的全局性、长期性的谋划。这就需要企业通过文化建设让从业者将贡献与自身的发展紧紧相连，增强企业的凝聚力。

为实现绿色环保转型升级，企业在能源与原料、生产、施工与项目管理各环节进行绿色管理，环环相接，彼此间紧密配合，如同四个精密转动的从动轮，共同为企业的研发（Research）、循环（Recycle）、削减（Reduce）、替代（Replace）做贡献，带动从动轮"重建"（Rebuild）的高效转动（见图10-7），实现企业的两个重建目标：绿色生产与绿色管理。

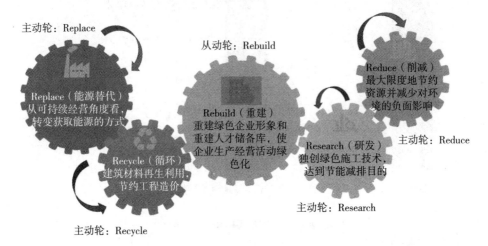

图10-7　绿色管理"5R"模式

资料来源：本文研究整理。

3. "5R"啮合传动模型

（1）磁石吸引齿轮，齿轮啮合传动。本文将模型设计为磁石吸引齿轮的形态，旨在充分发挥它们各自的特色，最终目的为实现齿轮高速、高效转动，象征企业的绿色环保"齿轮"达到最完美的转动状态。

底层磁石利用磁场作用将5个齿轮吸引固定，确保5个齿轮的平稳转动，防止齿轮在转动过程中位置发生偏移、减少能量损耗，同时可以支持齿轮进行高速、高强度转动。正是有了底层磁石的存在，5个齿轮才能高效转动，满足动能需要。

"底层磁石吸引上层齿轮啮合传动"可以形象地表现磁力法则与绿色管理"5R"理论在联程建设实际应用中的关系（见图10-8）：中小道路建设企业实现绿色生产与绿色管理需要坚实的企业文化基础作为支撑，只有企业文化建设根基坚固，企业才能够放心大胆地追求绿色环保转型升级。

磁力法则是整个模型的"底层磁石"，代表着企业将"磁力法则"管理理论运用于企业文化建设中，如同磁石一般牢牢地将上层的"5R"齿轮吸引，象征着企业的文化建设具有磁性作用。中小型道路建设企业绿色环保转

削减（Reduce）
全环保型沥青拌合站，源头解决废气、扬尘、噪声问题

研发（Research）
独创"除尘"和"快热"技术节约能源，提高生产效率

能源替代（Replace）
采用天然气替代重油，减少"毒排"提高能源利用率

重建（Rebuild）
实现绿色生产与绿色管理，丰富品牌承载量

循环（Recycle）
德国沥青冷再生技术运用，循环利用沥青，降低新材料的需求量

磁力法则
分析联程建设企业文化建设

图 10-8　在磁力法则吸引下的联程绿色管理"5R"模式

资料来源：本文研究整理。

型升级依赖于特色的企业文化建设，凝心聚力后才能寻出路、谋发展。

（2）啮合传动。齿轮啮合传动是近代机械传动中应用十分广泛的机械零件间的一种传动关系，将主动轮的运动和动力传递给从动轮，从而使整体获得需要的转速和扭矩。齿轮啮合传动具有适应范围大、传递效率较高、工作寿命长、传动平稳、可靠性高、能保证瞬时传动比恒定、能实现各种位置要求的两轴传动等特点。

模型中五个齿轮分别代表绿色管理"5R"理论中的 5 个"R"，其中有 4 个小主动轮，1 个大从动轮，4 个主动轮共同传动 1 个从动轮。主动轮包括：Research（研发）、Recycle（循环）、Reduce（削减）、Replace（替代），从动轮为 Rebuild（重建）。

四个主动轮为从动轮"Rebuild"（重建）提供足够的动力，即帮助实现企业绿色生产与绿色管理的两个重建目标，最终结合整个模型，使 5 个齿轮紧密配合，并在"底层磁石"的支持与吸引下发挥出推动企业绿色环保转型升级的作用。

一号主动轮——Research。为实现价值链各环节绿色管理，企业在技术研发时充分考虑绿色理念，研发出减少污染排放、提高材料利用率与生产效率的技术。

二号主动轮——Recycle。为实现价值链各环节绿色管理，企业在生产过程中应换用清洁能源并在施工过程中尽可能循环利用生产材料，实现了公司绿色无污染。

三号主动轮——Reduce。联程建设打造绿色公路养护"综合体"——全环保型沥青拌合站，在源头上解决废气、扬尘、噪声等污染问题。

四号主动轮——Replace。为实现绿色生产与绿色管理，在生产过程中进行能源替代。在原料方面，企业采用了发泡沥青加工后形成泡沫沥青，在减少有毒废弃物排放的同时还提高了能源的利用效率，符合省环保厅对公路项目环评文件中的要求。

从动轮——Rebuild。在研发、循环、削减、替代的自主转动和紧密配合下，带动从动轮转动，实现企业的两个重建目标，即绿色生产与绿色管理。

为重建企业绿色生产与绿色管理，联程建设加大技术、资金、人员投入到研发、循环、削减、替代四个环节，以实现从粗放型企业到绿色型企业的转型。通过研发、循环、削减以及替代实现绿色生产与绿色管理。

4. "5R"啮合传动模型机理分析

（1）研发对削减、能源替代、循环影响机理。在企业生产过程中，联程建设与浙江菲达环保科技股份有限公司合作开发了独属联程建设的除尘设备，该除尘设备通过红外线感应的方式大大减少了扬尘。该设备能够精准判断是否有骨料进入热仓处，这一运作模式减少了机器的无效参与，使设备的使用更具经济效益。

联程建设还改进了沥青"冷再生"技术，与传统的"热加热"相比，"沥青冷再生"降低了沥青生产的温度。该技术通过一次作业就能实现对老路的维修，施工组织简便，对交通干扰小，而且特别适用于大交通量道路、不中断交通道路施工。

（2）削减对能源替代、循环的影响机理。首先，联程建设使用了沥青混凝土拌和站。随着国家对建筑节能减排的要求不断提高，打造低碳城镇、生态家园，正在成为我国城市化转型的一个重要突破点，建筑行业特有的废气、扬尘、噪声等污染不再被纵容。

其次，联程建设还运用了新采用的沥青快热技术，有效缩短沥青加热时间，节省大量能源；天然气加热取代了传统拌和楼重油加热方式，能将排放的污染物几乎降到零；项目还综合应用雨水收集利用、光伏发电、自动除尘等多项先进技术，不仅做到减少污染排放，而且能更加有效地节约和利用能源。

最后，联程建设在进行建筑材料运输时配合全厂区的 8 台雾炮车全面处理卡车运料卸料时产生的扬尘污染，同时在运输的过程中使用全封闭的恒温运输卡车替代敞开式卡车，运输全程无废气外溢。存储方面提高仓储区的高度，对进料区进行了高差处理，减少了装载机提升上料的幅度，能够节约近20%的燃油。

（3）能源替代对削减、循环的影响机理。联程建设针对泡沫沥青原材料和混合材料进行严格的质量把控。同时企业采用了"两步走"的绿色生产战略，加热技术本来为煤油和重油，如今改进成为天然气加热，有助于减少污染气体的排放。同时采用发泡沥青作为泡沫沥青的原料，这是一种温拌沥青，可以实现连续生产，罐装储存，随用随取，不仅方便生产人员操作，同时节约了存储成本和损耗。同时发泡沥青易于实现热沥青与水的精准计量、均匀混合，简化了泡沫沥青的生产过程（见图 10-9）。

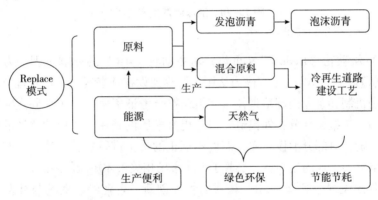

图 10-9　Replace 模式

资料来源：联程建设提供。

此外，公司采用的铣刨料为高速公路的水稳基层铣刨料，对铣刨料进行筛分实验并加工生产成合适的混合料，该混合料有助于泡沫沥青冷再生技术在公路运用达到最佳效果并实现"零污染"的工业要求，能很好和泡沫沥青混合。

相比于诸暨其他中小型道路建设企业，联程建设不仅提前使用发泡沥青生产工艺步骤，将普通热沥青产品更换成泡沫沥青产品（见图 10-10），实现了产品的改革换代，还将加热能源从重油煤油换成了天然气，有益于减少污染排放物、提高产品技术含量和实用性，减少原料和能源损耗，同时还有助产品储存，整体提高了企业经济效益。可见，联程建设完美地结合了绿色管理"5R"中的"Replace"原则，实现了能源和原料的替代，并同时附带了终端产品技术领先优势。

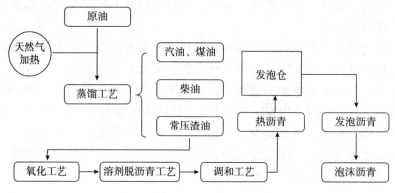

图 10-10　泡沫沥青生产流程

资料来源：联程建设提供。

（4）从动轮"Reduce"（重建）对主动轮"4R"的影响机理。为重建企业绿色管理的目标即为夯实磁力法则。联程建设在证书资格人才管理方面通过设立激励机制和企业内部培训体系，组织符合考证资格的员工在固定时间统一学习，为员工报销部分在外报班学习与提升学历的费用，为成功拿证的员工提供现金奖励，对部分消极怠慢、态度不端正的员工进行罚款，这一套奖惩体系极大地培养了企业内生力量，摆脱了人才市场相关人才短缺的限制。

联程建设绿色管理"5R"模式的管理创新，企业经济效率与社会效益成果显著，为企业可持续发展奠定基础。

资料来源

［1］关忠国．公路工程施工中沥青砼公路施工技术的探讨［J］．居舍，2019（26）：43．

［2］陈岚．公路沥青路面破坏特征及预防养护措施运用解析［J］．居舍，2019（25）：4．

［3］董力维．公路工程项目施工管理要点分析［J］．工程建设与设计，2019（16）：201-202．

［4］绿色新知：5R［J］．节能与环保，2009（2）：60．

［5］冯永伟．低碳经济下建筑企业的绿色施工管理浅述［J］．现代国企

研究，2018（2）：21.

　　［6］郭云飞. 建筑企业绿色多项目管理成熟度的研究［D］. 东北林业大学，2016.

　　［7］王枫成，南雪峰，朱建平. 泡沫沥青及其温拌混合料高温性能分析［J］. 科学技术与工程，2019，19（23）：228-233.

　　［8］邹伟. 冷再生技术在高速公路路面大修中的应用研究［J］. 工程技术研究，2019，4（16）：80.

 经验借鉴

　　本案例在进行理论分析的基础上，深入研究了它的企业文化建设与生产价值链各环节现状，运用磁力法则和绿色管理"5R"理论分析，总结联程绿色管理"5R"啮合传动理论模型。通过本案例的研究，中小型道路建设企业如何进行企业文化建设及生产价值链各环节绿色管理，对中小型道路建设企业培养人才、留住人才以及企业转型和实现可持续的绿色发展具有借鉴意义。联程的企业文化建设与绿色管理主要经验：①基于磁力法则企业文化建设，培养和留住人才。磁力法则注重心理管理、强调从员工角度出发，人本管理与企业制度管理相结合，不强制留人，消除下属的不安，人性化的制度管理。②企业如何构建绿色管理"5R"模型，并运用到企业管理之中。企业要树立环保意识，将环保纳入企业的决策要素中，重视研究企业的环境对策，采用新技术、新工艺，减少或消除有害废弃物的排放，对废旧产品进行回收处理、循环利用，积极参与社区内的环境整治活动，对员工和公众进行绿色宣传，树立绿色企业形象，承担企业社会责任，推动企业可持续发展。

本篇启发思考题

　　1. 何为磁力法则？

　　2. 简述磁力法则在企业文化建设中的作用。

　　3. 简述绿色管理"5R"理论及其相互关系。

　　4. 简述联程绿色管理"5R"模型及其运行机理。

　　5. "5R"理论对中小企业绿色管理有何借鉴意义？

第十一篇

就医不难，健康有道：
解读微医 "云+四医联动" 新模式

 公司简介

　　浙江微医集团有限公司（以下简称微医）是为用户提供 "线上+线下、全科+专科" 的新型医疗健康服务的医疗健康科技平台。平台以 "就医不难，健康有道" 为使命，微医致力于用科技赋能医疗，驱动 "医药保教" 生态升级，成为亿万家庭的健康守门人。微医企业由廖杰远及其团队于2010年在浙江杭州成立，企业在第一阶段（2010~2015年），即 "连接医院" 的发展阶段，首先通过云HIS（Hospital Information System）直连和号源托管方式建立起挂号网站，开展预约挂号业务，同时用第三方视角去审视和观察医疗行业的发展，寻找机会从外围挂号服务切入医疗核心服务。2015年12月乌镇互联网医院的开业象征着微医第二阶段的开启，微医正式进入 "连接医生" 的发展阶段。在提供预约挂号的功能之后，微医着手开发分诊、查询、院内支付结算、诊后随访、建立联系的健康档案等功能。微医基于分级诊疗提出 "团队医疗" 的概念，计划实现老带新、等级帮农村，通过互联网突破空间距离，开展教育、培训、传帮带和会诊服务。

案例梗概

　　本案例以浙江微医集团有限公司为研究对象，分析微医以 "微医云" 技术为依托，围绕 "四医联动" 的新型商业模式。基于4C营销理论对微医如何真正以患者为中心，通过商业模式的创新对解决患者就医难的问题进行描述和分析，同时运用商业模式理论，对微医商业模式的创新进行了深入剖析。本案例的研究能在商业模式创新的中心、定位、技术等方面为其他互联网医疗企业商业模式的创新提供借鉴。

关键词：微医；四医联动；商业模式；4C 营销理论

 案例全文

一、"微医"发展历程

2018 年起，微医开始进入崭新的发展阶段，即"互联网医院平台"的发展阶段。微医进行了规模扩张，通过落地互联网医院模式提高市场占有率；以乌镇互联网医院为中心，计划在全国落地省市互联网医院，目前已经落地 17 家互联网医院，覆盖 30 个省份，加速了扩张的步骤。微医同时发布全新业务战略，打造微医云与医疗、医药、医保、医教四大业务平台，推动"线上+线下""全科+专科"医疗健康服务体系全面落地（见图 11-1）。

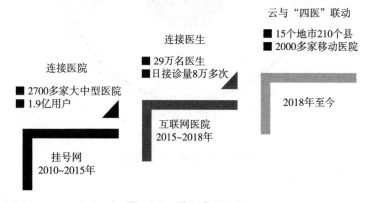

图 11-1　微医发展历程

资料来源：浙江微医集团有限公司提供。

二、4C 营销理论视角下的微医"就医不难"特色

从 4C 营销理论的角度出发，梳理和分析微医如何以微医云为支撑，站在消费者的角度，精心设计互联网医疗服务，降低消费者的就医成本，为农村

和城市消费者提供就医便利，并且利用云技术、大数据，实现了医疗、医药、医保、医教的"四医"联动，既助力我国的医疗改革，解决了患者就医难的痛点，又使企业紧紧抓住市场机会得到了长足的发展。

1. 解决就医难一：独创新"四化"，解决城市就医难

在医疗改革的大环境下，面对现有的消费者看病难的局面，微医和国家医保对接，从消费者的需求出发，独创医疗新"四化"，联动医疗、医药、医保和医教，探索城市医疗新模式（见图11-2）。

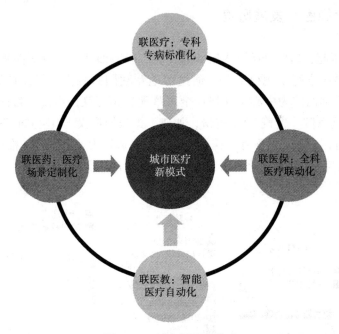

图11-2　城市医疗新模式

资料来源：本文研究整理。

（1）联医疗：专科专病标准化，解决消费者择医痛点。就4C营销理论的角度而言，任何的产品都要从消费者需求的角度来设计和提供，企业在设计和开发产品时要考虑顾客的需求。因此，微医从消费者的角度出发，通过互联网技术将优质的专家和医院的资源形成专科专病标准化，再赋能县级医院机构，发挥城市大医院的辐射作用以满足消费者的就医需求。

微医为了解决医患信息不对称的"择医"痛点，联动医疗，在乌镇互联网创新发展试验区创建了"全国互联网分级诊疗创新平台"——乌镇互联网

医院，致力于通过互联网信息技术连接全国医院，充分发挥"云+四医联动"模式，发挥专家资源和分诊团队的专业优势，依据病情优先的原则为消费者就近匹配对症专家，做到医院优质资源的下沉，使消费者不用为就医而四处奔波，提高就医效率。

（2）联医药：医疗场景定制化，优化消费者就医流程。在4C营销理论下，便利是指消费者在购买和消费产品或服务的过程中对时间和努力的感受程度。针对该类情况，微医通过"云+四医联动"模式，联动医药及医疗设备，提供了三种解决方案：①提供线上自诊服务让消费者更好地了解自己身体状况，同时也可以作为线下就医的前序，帮助消费者找到咨询方向，在一定程度上脱离对医生的完全依赖；②在园区和大型企业场景，医务室配备了云医务室，微医的医疗智能一体机、一个护士和一个诊床，后台的 PCM 医生可以根据看到的数据和图像，做出处方诊断，消费者可以便利地通过智能医药柜，扫二维码自行取药；③在家庭场景中，微医通过"云+四医联动"模式，建立家庭的健康档案，帮助消费者在家看好病，通过健康档案，消费者可以直接进行视频问诊，就会有医生回答。

（3）联医保：全科医疗联动化，降低消费者就医成本。从4C营销理论的角度看，成本还包括顾客的购买成本，同时也意味着产品定价的理想情况。在医疗费用方面，微医运用互联网控费路径，结合传统控费方式，形成的第三方控费与三医事务调控平台，大大降低了消费者看病的成本。根据实地调查数据统计，微医的医疗控费在 2013～2018 年医保节余累计 7.24 亿元[①]。在时间成本方面，微医推出的"商保直付"和"商保快赔"服务，将理赔流程转到线上，节省了消费者保险理赔的时间成本。在精力成本方面，微医致力于打造"医疗+保险"等多元跨界融合生态圈，引导消费者合理有序就医，精准就医减少消费者的精力成本。

（4）联医教：智能医疗自动化，服务消费者健康管理。4C营销理论认为，沟通是指企业应通过同顾客进行积极有效的双向沟通，建立基于共同利益的新型企业/顾客关系。面对现有的医生资源紧缺的问题，微医"云+四医联动"模式下，微医云运用人工智能 AI，联动医教，帮助医院进行一定范围内居民健康管理，促进医患间的沟通顺畅。在硬件方面，微医"云+四医联动"模式促进医患的沟通，微医的云胶片采用国际标准，对医院来说，云胶

---

① 资料来源：微医内部数据。

片的应用避免了胶片的打印，成本有所减少，医患双方在费用方面的问题得到一定程度上的减轻。

2. 解决就医难二：独创"四个一"，解决农村就医难

微医建立的"云+四医"联动体系在农村的医疗服务模式是通过"基地、网点、终端"三层服务体系实现用户和医疗资源的连接，解决农村病患看病难；便利农村消费者，消费者足不出户也可以看病。

（1）"一车载三医"，满足农村消费者就医需求。4C 营销理论中第一个"C"（Customer）即顾客，指的是消费者需求。农村医疗消费者的"痛点"：一是居民不了解自己的身体健康状况，农村居民为看病经常赶到城市，有的还缺少充足的看病资金；二是当地政府也不知道当地居民的健康状况。

因此，微医首创云巡诊车投放至农村，建立了弥补农村医疗资源缺乏的终端。该车可实现一个二级医院的 7 个大类 49 个小类检查，定期入村为老人、儿童、孕产妇、慢性病患者等重点人群检查，百姓出现病症医生会直接诊断，若需手术则会直接引到当地医院。云巡诊车前期是由微医投入，后期由政府购买云巡诊车并分配到各个乡村。此外，微医通过微医云将检查的数据，通过云巡诊车实时传输到政府监管平台、家庭医生签约服务平台和用户端，为村民们建立健康档案。

云巡诊车满足了居民足不出户看病的需求，也满足了政府的需求，使当地政府了解所在地区消费者基本的健康状况，推动农村医疗改革与扶贫计划。目前，微医云巡诊车已服务陕西、山西等省区的 9000 余万基层居民，取得了显著成效。

（2）"一线连医教"，降低农村医疗资源成本。4C 营销理论中第二个"C"（Cost）即成本，指的是消费者购买此产品付出的价格，还有为此耗费的时间、体力和精力消耗，以及购买风险。

微医全科学院能够解决农村好医生少的问题。对于农村医生来说，医生诊疗能力欠缺，医学发展水平欠佳，一直是困扰农村患者的问题。微医全科医院通过互联网这根线，将微医集团的优质专家资源下沉到农村，通过线上培训线下指导来提升农村医生的专业能力，而且将全国的全科医生和三甲医院的专家连接在一起，可以在线获得专家的帮助、培训和指导。除此之外，农村医生还可以加入专家团队，与顶级专家在线讨论病例、交流经验，通过团队协作提升专业能力。

仅用一年时间，微医已通过各类国家级、省级、市级项目向全国输送合格培训师资 540 余人，输送乡村师资培训学员 250 余人，国际专项技能培训学员 40 余人。

（3）"一网盖三医"，缩短农村妇女查病距离。4C 营销理论中第三个"C"（Convenience）即便利，指的是为顾客提供最大的购物和使用便利。

微医集团与利和医疗集团等将以人工智能技术为支撑的两癌筛查机器人投入妇女的两癌筛查工作，极大地便利了农村妇女检查两癌问题。两癌筛查车此终端进入农村，农村妇女在家门口即可享受到比社区医院更专业更优质的服务，缩短了农村与大医院的距离，节省了赶去医院的时间，而且能更早发现病情。

（4）"一端沟三医"，帮助农村消费者沟通医生。4C 营销理论中第四个"C"（Communication）即沟通，指的是企业应通过同顾客进行积极有效的双向沟通，找到同时实现各自目标的途径。

随着科技水平的提高，城市消费者与医生沟通越来越容易，但是农村消费者由于受限于当地的互联网技术，与医生沟通相当困难。微医推出的智能终端产品——智能终端"微医通"，通过微医云连接医生、医保、药店，同时提供医疗服务的个人及家庭的便捷就医解决方案。该终端操作方便，适合老人使用。对于一些病情较为严重的消费者，微医还推出院前专家诊疗服务、院中住院费用垫付服务、院后专车护送和康复指导"一条龙"服务。

三、微医集团的商业模式创新分析

微医以独特的战略定位和就医观念、"云+四医"联动的商业模式在市场上取得属于自己的一席之地，使微医在互联网医疗行业打开了新局面。从微医的价值主张、价值创造、价值传递和价值获取四个方面分析微医商业模式的创新。

1. 价值主张创新

价值主张是对客户真实需求的深入描述，它的终极目标是让创业者或企业提供的产品与市场相匹配。由此看出，微医"云+四医"联动模式取得成功的首要原因在于明确了细分市场、产品服务。微医将医疗市场分为城市和农村，开辟一条"农村包围城市"的道路。

（1）战略定位创新：细分市场，开辟农村市场。跟其他的互联网医疗产品不同的是，从 2014 年开始微医将目标人群定位于农村及较为偏远地区的用户，对于此类用户而言看病难度则十分高。微医通过市场分析，发现农村消费者市场大，而且政府也支持开发农村医疗产品，但是由于各种原因，农村医疗资源薄弱，很多互联网医疗产品和服务也忽视了这些农村患者，而微医紧紧抓住了这个机会，开发一头连接互联网医院、一头连接政府基层网的云巡诊车，让政府埋单。微医与政府合作，既符合政府的政策导向，又切实解决了农村就医难的问题，还把互联网的优势与云巡诊车结合，进行了前所未有的创新。

（2）就医观念创新：做消费者的健康护卫。针对人们有病就去大医院就诊的局面，微医推出"家庭医生"服务工作站，微医家庭医生工作站是依托微医云平台，通过视频在线会诊，让老消费者在家就能享受到全国26万名专家"面对面"的优质医疗服务，这是对于用户传统的就医观念的一次革新。微医告诉自己的用户：就医不一定要去医院，足不出户就可以拥有最好的就医体验。

2. 价值创造创新

微医商业模式的价值主张创新，需要通过价值创造和价值传递来实现。

（1）协同合作，"云+四医"联动模式共创服务新进步。如图11-3所示，微医以患者为中心，以微医云和人工智能技术为基础，实行"医保药教"四医联动，把全科、专科的能力串起来，线上、线下的服务体系建起来，极大地满足了农村和城市患者的需求。

与医联动。微医与医生、医院联动，建立互利共赢的合作关系。对于医院及医生，微医提供机会让医生可以更多接触病患并且增加收入；对于微医，在赚取利益的同时拥有更多的客户。

与药联动。微医与药进行联动，以处方共享平台为依托，规模化连接医院信息系统、零售药店药品流通配送系统和医保结算系统，实现医疗、医保、医药多方的医疗信息共享应用（见图11-4）。该平台通过乌镇互联网医院帮助全国近两万家药店实现在线处方和处方审核，规范了处方药的流通和使用。此外，微医还为用户减少医药费用。

与医保（险）联动。微医与社会保险和商业保险进行联通，一是可以方便消费者，让消费者用最少的时间和金钱花费来找到合适的保险产品；二是可以扩大保险公司的业务，实现微医、保险公司、客户三者的共赢；三是微医对保险也有一个审核作用，是鉴定产品是否过关、是否适合消费者的过滤器（见图11-5）。

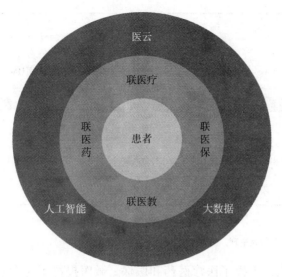

图 11-3　微医"云+四医"联动

资料来源：本文研究整理。

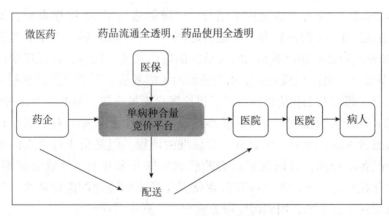

图 11-4　联药过程图解

资料来源：本文研究整理。

与医教联动。一方面是合作的网络课程，帮助基层和农村医生继续学习，终身学习；另一方面通过对于课程的收费，微医也可以从中攫取利润。同时长远来看，也可以对于减少小城镇居民对小城镇医生的不信任，加强分级诊疗，用更大的能量，创造更大的社会价值。

（2）以"微医云"大数据平台和人工智能为支撑。微医云是微医健康医

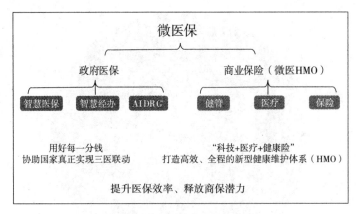

图 11-5　联医保过程图解

资料来源：本文研究整理。

疗数据的支撑点，支撑了医疗医药和医保。微医提供了包含互联网医院、医联体、家庭医生签约、云药房等在内的数十种云化解决方案，织就了国际最大应用规模的医疗数据云。

基于微医云与人工智能技术结合，微医创造出了 AI 诊疗系统，推出了"睿医智能医生"（西医）和"华佗智能医生"（中医）两大人工智能辅助诊疗/诊断系统以及数款已获得 CFDA 认证的应用系统。同时，在云提供的技术和 AI 基础上，微医积极开展了相关领域的智能制造，形成 AI+智能制造的布局。通过这两大人工智能微医可以提供给客户更加高效、精准、快捷的服务。

（3）利用大数据制定标准，拉准绳提高微医服务效率。对于医疗行业而言，从患者诊前、诊中、诊后有一套标准的流程，但是由于每个人的差异化导致情况各不相同，且医院对患者的病例数据并未互通，导致数据不明确，标准化存在问题，所以改变医疗行业就需要形成标准化的医疗体系，把患者数据沉淀到平台上来，用到医疗服务流程中，真正形成闭环。

微医希望通过协定标准将病情档案记录在 AI 中，这样当用户通过 AI 导诊台查询自己的病症时就可以得到更加准确并且详尽的结果，这种解决方案缩短了用户从患病到就诊的较长时间差。如果有不同标准那么其错误或者说不合适的概率会很大，但如果同一标准那么这个错误的概率就会大大降低，为病人提供更加优质的服务。

（4）"互联网+全科教育"助力农村医疗市场。微医通过"互联网+全科教育"为医生的终身学习助力，为医生赋能，这也解决了部分就医难的问题。

为帮助基层医生提升能力，让患者能够信任基层医生。微医积极推进人才战略，通过"互联网+全科教育"模式，培养专业的全科医生。2016 年 4 月，微医与复旦大学医学院全科医学系主任祝墡珠共建"微医全科学院"，打造国内全科医学教育培训的专业平台，通过互联网应用与传统全科教学结合，为国家输送符合岗位胜任力的全科骨干师资、全科医师和基层医生，不仅微医创造更多基层医疗市场的人才，也凸显微医互联网医疗服务水平的质量，提高企业品牌的知名度和美誉度。

3. 价值传递创新

作为互联网医疗企业，微医利用自身优势开创了从挂号网到微医的网络平台。同时对于网络水平较为低的基层，微医通过云巡诊车将自己的服务送到基层客户的身边（见图 11-6）。

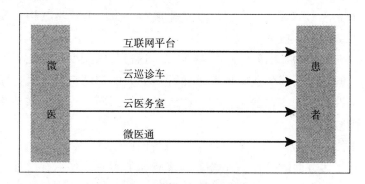

图 11-6　微医的价值传播渠道

资料来源：本文研究整理。

（1）"一台奇迹"：微医互联网平台铸就新奇迹。微医终端通过微医云连接医生、医保、药店，提供医疗服务的个人及家庭的便捷就医解决方案。对于患者，在家里即可操作终端进行线上看病。由于具备跟踪健康管理的服务功能，患者在家中进行健康自检，数据将通过云端技术上传给匹配医生，从而进行病情和健康状况的检查。患者可以查看终端上的各项检测指标并远程连接给整治医生，方便医生了解消费者身体情况，减少因表达不清而造成的误诊。如此，患者与医生也能保持良好的沟通，避免患者描述病情不清的问题，也减轻医生看病繁忙的问题。

（2）"一车温暖"：云巡诊车送医下乡。微医通过云巡诊车将"一体式"医疗服务送下乡。在农村，微医以县医院为支撑，以基层卫生院为基地，将二级医院的检查检验能力、医疗能力通过云平台和云巡诊车"搬到"客户的身边。车上拥有所有县级医院诊疗的设备，甚至拥有 CT 筛查的相关设备。云巡诊车将医疗服务送到基层中并把信息带给各方，通过传递信息可以更好地为患者提供服务。

（3）"一室健康"：社区和单位医疗云诊室，送服务于万家。微医智能云医务室由智能移动医疗一体机、智能药柜以及一系列检查、检验智能外设组成，面向企业、养老院、社区、学校等机构用户，提供线下首诊、线上复诊、会诊和随访、在线购药等医疗健康服务，用户足不出户即可完成基础检查。

4. 价值获取创新

微医的价值获取利用技术和"四医"联动来减少成本；同时，通过优质的服务获得更多的客户。

（1）节流：技术减少人工，联动优化成本。微医的成本架构主要分为三部分：人力、设施、技术。

微医以云技术为基础大力发展 AI 技术，通过技术减少人工成本。

微医大幅度降低药的成本，不仅拥有了更大的利润空间，而且拥有了在市场上是否选择薄利多销的选择权。微医通过与医药、医疗的联动和自身技术的进步削减成本。

（2）开源：与政府企业紧密合作，"云+四医联动"创造更大价值。微医与政府进行了多方面的合作，通过了解政府和消费者之痛点，设计相应的农村医疗产品，获得政府的支持，让政府埋单。微医帮助政府做的事情主要有两项：一是共享医疗健康大数据平台，二是帮助地方政府建立家庭医生签约服务平台，让基层医生跟上级医疗卫生机构和医生紧密协同，为签约家庭提供持续的服务。政府购买微医的服务主要集中在微医的全科教育和微医的云巡诊车服务上。全科教育由政府购买再下发到各个具体医疗单位让医生学习。而全科教育的出售也可以给微医带来极大的收益，云巡诊车则是由政府购买，其他设备和医护人员由微医负责提供与联系。

微医的主要收益主要来源于：从医疗获得的收益，微医的诊疗费用、企业定期向微医购买服务；从医药、医保联动中获取的收益：与微医互利共赢的收益，也是帮助微医完成"四医"联动的中坚力量；从医教联动获取的收益，主要来自于医疗企业。医疗企业购买医疗教育课程让医生进行学习，而微医也会收取一定的费用；从微医云、人工智能获取的收益，人工智能云将继续针对中大型医院及基层医疗机构分别提供"专科专病"和"全科"辅助诊疗服务获取技术授权使用费。

四、主要结论

通过对微医"四医联动"和微医云技术支撑下商业模式创新的研究，我们可以看出，微医的成功离不开其始终坚持"以患者为中心"与实现"就医不难"的企业愿景，并且进行相应的商业模式的创新。

1. 微医 4C 营销理论视角下的特色小结

4C 营销理论是从顾客、成本、便利、沟通四项因素角度出发，通过瞄准消费者需求来探究消费者真正需求，同时考虑消费者所愿意支付的成本和产品给其带来的便利性，最后实现和消费者的沟通和价值的创造。微医是国内移动互联网医疗健康服务平台，更是国际领先的医疗健康科技平台。它通过商业模式创新，让消费者就医不难，通过梳理和分析，我们可以得出以下结论：

（1）"四医联动"，满足不同顾客需求。微医平台通过分析不同消费者群体的需求，提供多样化服务以满足所有消费者的健康管理要求。微医平台在线发展阶段，将消费者按照地理区域划分为城市居民与农村居民，并且通过制定不同模式以提高不同区域居民所能享受的医疗服务水平。

针对城市居民，微医以微医通终端、云智能医务室作为平台支撑，创立特有全科医院中心。微医所建立的地区全科医院有效结合了线上、线下医疗资源，为城市居民提供"线上+线下""全科+专科"的全方位服务。

针对乡村居民，微医通过结合当地医疗状况，建立起区域智能分级诊疗平台，同时将二级医院的医疗服务通过云平台和云巡诊车渗透到基层。这种方式不仅方便农村人口就医，而且能扩大基层患者就医选择。

（2）多种问诊渠道，降低顾客看病成本。微医平台为消费者提供了多种就医问诊渠道，同时微医的优势在于能够为患者节约看病时间、精力及费用等成本。

就医疗费用而言，微医通过建立全科医院，促进形成医疗环节的闭环流程。此外，微医推行的处方自动审核功能，能够有效避免重复体检和配药，从而大大降低患者的就医成本。对于农村居民而言，由于政府出资支持云巡诊车下乡服务，农村居民的健康管理费用也大幅度降低。

就时间成本而言，微医通过"四医联动"与微医云的结合，提高了医疗卫生服务体系为群众服务的效率。基于"互联网+医疗"的商保数据服务平台，将理赔流程转到线上平台，降低保险公司核保调查赔付的难度和成本，从而缩短流程，降低消费者的时间成本。

就精力成本而言，微医云通过搭建人口健康信息云、医院云、基卫云、AI云等统一的云平台，通过结合患者症状，提供合理就医建议，从而避免患者重复就医以及购买与病症不匹配药物等。

（3）多类医疗服务，便利患者健康管理。患者通过微医平台可以享受多种类医疗健康服务，微医正在努力实现常见病和健康维护在家里即可完成的互联网医疗目标。

微医为消费者提供线上自诊服务，不仅可以帮助用户了解身体状况，进行健康管理，也可以提供诊前咨询。该类服务能够使消费者节约自行前往医院体检的精力和时间。

在园区和大型企业场景中，微医为医务室配备具有日常检查设备的医疗智能一体机。微医后台医生可以通过判断上传的检查数据进行诊断并将诊断结果反馈给职工。因此，微医能够协助企业对职工健康进行管理和服务。

在家庭场景中，微医通过建立家庭的健康档案，通过微医通终端，帮助用户在家自行问诊。该项服务的最大受益者是不方便频繁线下医院就医和检查的老年人群体和幼儿群体。

（4）全程医患沟通，健康状况跟踪管理。与传统就诊方式不同的是，微医作为互联网医疗平台，具备跟踪健康管理的服务功能。微医所推出的微医通能够帮助患者在家中进行健康自检，数据将通过云端技术上传给匹配医生，从而进行病情和健康状况的检查。

微医还建立了具有电子病历的临床大数据库，这方便了医生远程查看医疗健康信息。患者在微医平台所储存的电子病历能够在多家医院持续使用，这不仅减少了重复就诊的成本，还能够提高转诊的就医效率。

此外，微医通过"四医联动"整合多种医疗资源，在为消费者提供服务的同时能够将医疗信息传送给多方医疗机构，帮助患者建立电子健康档案。

2. 微医商业模式创新小结

微医与其他互联网医疗企业不同，它以"就医不难，健康有道"为使命，致力于用科技赋能医疗，以"微医云"大数据和智能科技为基础，采用"医疗、医保、医药、医教"四医联动的新模式，打造国际领先的互联网医疗平台，并进行战略定位的创新，与政府合作开辟农村市场，成为互联网医疗企业的标杆。下面对微医的商业模式创新从价值主张、价值创造、价值传递以及价值获取这四方面进行总结（见表11-1）。

表 11-1　微医商业模式创新内容

构成要素	主要内容
价值主张	战略创新定位：农村用户
	普及分级诊疗新观念
价值创造	"四医联动"
	"互联网+全科教育"
	"微医云"大数据平台及智能技术支撑
价值传递	互联网医疗服务平台
	云巡诊车下乡服务
	微医云医务室
价值获取	四医联动降低成本
	多方合作广开源

资料来源：本文研究整理。

（1）价值主张创新。就服务模式方面而言，微医实现了两方面的商业模式创新：战略定位和就医观念。在战略定位上，微医将目标人群定位于农村及较为偏远地区的用户，微医通过与政府进行合作，同时依靠建立分级诊疗平台，实现基层"就医不难"的目标。

在就医观念上，微医打破传统"有病就去大医院"的就医观念，目标建立分级诊疗模式，在家或者在单位就能完成常见病的诊疗，不仅减轻了大医院的工作压力，也减轻了患者就医难度。

（2）价值创造创新。微医平台以微医云为支撑，形成医疗、医药、医保、医教的"四医联动"。微医通过优化流程，优化资源整合模式，打造"云+四医联动"。此外，微医通过中间商角色降低就医价格。此外，微医通过"互联网+全科教育"以提升基层医生的能力，培养更多医疗全科和专科医生，从而提升微医互联网医疗服务水平的质量。

微医运营模式的创新还体现运用大数据和人工智能技术，并且通过对于医疗数据的充分挖掘，来建立微医特有的大数据平台，从而提高平台服务的专业水准和业务能力。此外，微医也在积极寻求医疗标准创新。微医通过集结中医和西医的专家，共同制定用药和诊疗标准。

（3）价值传递创新。微医的价值传递通过线上和线下相融合的渠道，线上体现在以网页版挂号网和微医通终端为技术支持的互联网医疗服务平台。线下服务主要有云巡诊车下乡，即微医是将二级医院的医疗服务通过云平台和云巡诊车渗透到基层。此外，微医还在公司企业等场景下设立微医云医务室，帮助企业工作人员进行常规身体检查、常见病的诊疗。这种模式能够满足不同地区消费者的就医需求。

（4）价值获取创新。在节流方面，微医将多种问诊转化为 AI 解答，降低人工成本。同时，微医通过与医药、医疗的联动和自身技术的进步，大幅度降低了药物成本，从而增长了企业的利润。

在开源方面，微医提供全科教育和云巡诊车服务。全科教育的服务提供能够为微医带来收益，而云巡诊车作为和政府合作的项目则更能给企业带来较大的利润空间，通过"四医联动"的模式扩大利润空间。

资料来源

［1］尹坤，李欣 . 4P 与 4C 营销理论的比较研究［J］. 淮海工学院学报（人文社会科学版），2015，13（2）：88-90.

［2］郝身永，朱礼华 ."互联网+"的模式优势、现存问题与治理建议——一个基于 4C 理论框架的分析［J］. 现代经济探讨，2016（9）：25-29.

［3］徐雅焱，徐仲建，孙海良 . 4C 理论视角下农村保险互助社的营销策略［J］. 宁波经济（三江论坛），2016（11）：46-48.

［4］王敬琪 . 基于 UTAUT 模型的"互联网+医疗"产品偏好研究［J］. 科研管理，2017（S1）：184-193.

［5］凌子平，翟理祥，林羽，等 . 基于移动互联网的医疗服务创新模式构建［J］. 中国卫生信息管理杂志，2016，13（3）：295-298.

［6］陈惠芳，徐卫国 . 价值共创视角下互联网医疗服务模式研究［J］. 现代管理科学，2016（3）：30-32.

 经验借鉴

本案例在进行理论分析的基础上，深入研究了浙江微医有限公司商业模式的创新。通过社会调查与分析可知，微医真正"以顾客为中心"，了解顾客的需求，进行商业模式的创新；它充分利用互联网、大数据、人工智能等云技术，进行"医疗、医保、医药、医保"四医联动，创造国际领先的医疗平台，并且进行战略定位的创新，与政府合作，开拓农村市场，这种新型商业模式不仅促进微医的发展，同时对其他互联网医疗企业具有一定的借鉴意义。微医的主要经验：①真正以人为本，实现就医不难。"以人为本"是微医平台在运行过程中始终坚持的出发点。医疗企业应该将"以人为本"作为企业的使命，同时需要把为患者服务放在企业目标首要位置，开拓思路，通过与政府或者其他企业合作来获取盈利，而不能仅仅将盈利主体定位在患者身上。②充分利用资源，"四医联动"创优势。医疗企业应该全面了解医疗产业的发展现状，多方面考虑包括医药、医保、医教等因素在内的系统组成要素，只有多方联动，才能真正体现出优势，也才能降低患者的就医成本，提高患者就医的满意度。③云时代大数据，把握核心力量。整合资源的能力对于企业创造竞争优势而言是极其必要的，尤其是对于基于互联网医疗的企业，企业的数据平台不仅是整理企业用户的基础数据，更需要通过数据的挖掘，智能技术的运用，体现互联网医疗产品的核心竞争力。④把握政策走向，实现定位创新。在企业战略制定过程中，要时刻把握医疗行业政策最新走向，政策的范围大到国家法案，小到基层制度。此外，在企业目标确立时，也应当考虑目标与国家医疗政策发展方向的一致性，只有符合政策走向的企业目标才具有发展的可能性和生命力。

本篇启发思考题

1. 微医的商业模式有何特点？
2. 微医的商业模式对互联网医疗企业管理创新有何启示？
3. 简述 4C 营销理论在微医商业模式中的体现。

第十二篇

量身定制，天衣无缝：
推拉理论下的个性化智能家居之路

 公司简介

　　杭州聪普智能科技有限公司（以下简称聪普智能）成立于 2013 年 5 月，是国家级高新技术企业，总部位于杭州滨江高新技术产业园。致力于"让智能家居走进千家万户"的聪普智能，由原阿里巴巴创始团队成员参与投资创办，中青国融战略投资。作为专业的智能家居系统提供商，是中国较早地推出数字化智能家居系统的企业。公司主要设计研发并销售智能家居产品、智能家居系统并提供智能生活解决方案等服务。"有线+无线"的混合系统方案、强劲的第三方集成能力、高度可定制的模块化产品设计，让聪普智能可以为智慧家庭、智慧酒店、智慧办公、智慧社区赋能。同时，聪普智能注重经销商服务，制定一系列措施，如建立聪普学院等，为经销商提供更好的销售及售后服务，打造公司、经销商、市场命运共同体，共创公司价值。

 案例梗概

　　本文选取智能家居聪普智能作为案例研究对象，引入推拉理论以及价值共创理论进行案例分析，以推力、拉力、锚定力三大力为基础，解释聪普智能促使消费者发生迁徙行为的推拉和锚定因素以及响应路径，刻画消费者在推拉力和锚定力作用下向聪普智能迁徙的综合内在机制，同时描绘出消费者、经销商、聪普智能三者之间的价值共创体系，最后点出以信息安全性和个性化定制为指导方向的聪普智能发展之路是一条可持续发展之路，为其他企业的发展提供一定的建设性意见。本文同时也希望能帮助政府及其相关部门更好地倾听群众对于美好幸福生活的呼声，为智能家居及社会服务领域应该如何做到有的放矢提供针对性建议。

关键词：图形化编程；个性化定制；本地存储；推拉理论；价值共创

 案例全文

一、聪普智能发展历程

2011 年，聪普智能前身——杭州感居智能物联网科技有限公司创立，此后聪普智能实现高速发展，聪普智能研究中心、聪普智能家居体验中心相继落成，2018 年，聪普智能获得 A 轮融资，获中青国融战略投资（见图 12-1），入选 2018 年杭州市工厂物联网和工业互联网试点项目企业。

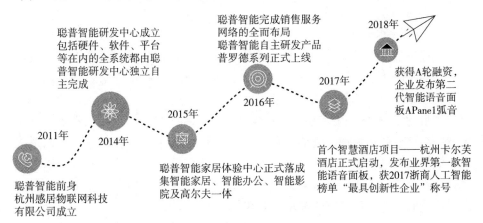

聪普智能研发中心成立包括硬件、软件、平台等在内的全系统都由聪普智能研发中心独立自主完成

聪普智能完成销售服务网络的全面布局
聪普智能自主研发产品普罗德系列正式上线

2018年

2017年

获得A轮融资，企业发布第二代智能语音面板APane1弧音

2016年

2015年

2011年 2014年

聪普智能前身
杭州感居物联网科技有限公司成立

聪普智能家居体验中心正式落成
集智能家居、智能办公、智能影院及高尔夫一体

首个智慧酒店项目——杭州卡尔芙酒店正式启动，发布业界第一款智能语音面板，获2017浙商人工智能榜单"最具创新性企业"称号

图 12-1 聪普智能发展历程

资料来源：本文研究整理。

二、PPM 模型实施条件

本文基于推拉理论引入 PPM 模型，并按照"实施条件—实施方式—实施效果"这一逻辑展开分析。PPM 模型将人们从某区域移动到另一区域这一迁移行为的影响因素分为推力、拉力和锚定力三个方面。本文将人口迁徙的概

念引申至消费者的迁徙，同样将这三个力作为影响消费者迁徙的因素，分析得出聪普智能创造推拉力的运行条件，建立三大作用路径。最后，基于 PPM 模型深刻剖析出顾客迁徙所带来的效应。

实施条件是聪普智能得以开展种种活动的基础，对它的发展有着至关重要的影响。下文将按照"行业—企业—员工—顾客"这一逻辑关系来分析聪普智能的实施条件。

1. 行业标准建立

聪普智能在丰富自身产品种类的同时，也考虑接纳与吸收其他品牌的产品，积极对接第三方，并与其达成协议，使用统一接口与协议，使第三方设备得以进入聪普智能的家居系统，形成生态系统闭环。聪普智能还积极推进行业标准体系建立，参加各地的各大展会、加入相关行业联盟，不定时地与企业进行交流学习，探讨智能家居产品与智能家居行业的未来发展，推动产品统一标准的相关协议制定。这一条件为企业发挥推动力、消除锚定力提供了重要保障。

2. 企业技术创新

企业发展模式的制定多以市场需求为导向，在智能家居市场上，消费者越发倾向于购买独具特色的定制类产品，为了满足这一不断增长的需求，聪普智能独创图形化编程系统，并依靠这套系统来满足消费者个性化定制需求。

图形化编程系统利用三种数据类型、多种通信方式、三大主要运行板块织就一个严密的局域网，三者之间经过紧密的串联进行逻辑运作，从而形成一套完整的智能家居方案，实现用户精细化定制需求，如技术人员可以通过系统设定用户对灯光的特殊需求，使用户可以改变灯光的具体亮度、饱和状态、持续时间等，而非限于简单的开与关。

在全民信息共享的大数据时代背景下，如何保障用户隐私安全也逐渐成为智能家居企业发展的一大难点。聪普智能转云存储为本地存储，将云面板、本地服务、本地主机内的用户的关键信息数据都存储于本地系统，又采用了"有线"与"无线"有机结合的连接方式，让用户信息存储在一个相对稳定的环境中，变无形的信息为有形的储备。

除此之外，聪普智能不断致力于技术的研发创新，累计已获 70 多项发明专利、实用新型专利、软件著作权及外观专利证书等，聪普智能首创行业内首块智能语音面板，在真正意义上实现了智能家居行业内的信息交互。聪普智能还积极推动行业内部的信息技术交流，建立技术交流论坛，促进行业内不同企业间的互联互通。

基于上述调研发现，PPM 模型在聪普智能案例的调查分析中具有适用性，聪普智能的技术研发创新既是拉动企业升级的关键因素，也是助推企业发展的重要步骤。

3. 员工培训保障

对于聪普智能来说，员工对技术的熟练掌握是必不可少的，因此尤其注重对员工的技能培训，借此助力企业的稳步发展。聪普智能开设了公益性培训组织——聪普学院，每月定期开展相关技术指导，秉承自愿参与的原则积极鼓励企业内部技术人员和经销商的相关技术人员参加，在一定程度上加强了企业与经销商之间的联系。

基于员工培训的相关保障，促成了经销商将消费者带向聪普智能的推力，有效推动了 PPM 模型推拉力部分的运行。

4. 顾客服务升级

区别于传统售后服务的概念，聪普智能将售后服务理念进行创新，将售后服务的覆盖面扩大，不仅包括传统意义上的产品售后阶段，还纳入了售前研发等一系列活动阶段，从源头开始优化售后服务。

聪普智能在生产过程中进行产品改良以优化用户使用体验；在销售过程中通过细致的讲解和教学，保证顾客对产品有细致深入的了解，最大限度地减少顾客购买前对产品的理解与购买后产品的实际效用产生偏差所导致的投诉现象；在售后阶段，聪普智能通过经销商及时为消费者提供线上线下解决方案，或指导经销商解决该问题。聪普智能致力于服务升级，形成一个优质的售后服务链，从多阶段尽可能减少售后问题产生，降低顾客投诉频率，提升顾客满意度，最终树立良好的品牌形象。

基于 PPM 模型，创新售后服务理念是企业加速发挥行业推力，实现顾客迁徙的重要运行条件。

三、PPM 模型运行机理

1. "破茧"型推力演化

（1）"茧"型推力模型。"茧"型推力是指行业内存在的各类消费痛点，在企业未施加干预措施前，这类推力隐藏于行业内，降低企业对消费者的吸引能力。根据推力存在的时间划分，本文将推力划分为持续性推力和阶段性推力。这两种推力均是企业发展的重要突破口，一旦企业成功激发行业推力，就可实现快速发展。

1）持续性推力。持续性推力是指在行业发展过程中长期存在的，推动消费者迁徙的因素。在智能家居行业，其存在的持续性推力不仅有家装、设计、售后服务等服务性推力，也有信息隐私安全等时代发展推力。在服务性推力方面，家装属于低更新频率类产品，且因其关系到日后生活质量水平，消费者在家装设计方面的要求日益提高。目前，有许多品牌经销商重视产品推销，而忽略售前售后服务，企业、经销商的服务水平仍无法满足消费者需求。未来，消费者对家装设计以及售后服务的要求会日益严苛，这也是企业需要持续关注的要点。在信息安全推力方面，由于科技的飞速发展，我国自进入信息时代起就出现了信息安全问题，各类隐私泄露现象频发，即使未来科学技术进一步革新，隐私泄露问题仍会持续存在。智能家居因其使用特性，涉及诸多用户隐私数据，且许多产品通过联网方式进行操控，将数据置于更加危险的处境中。因此，信息安全也是影响用户智能家居消费决策的重要因素之一。虽然以上推力均长期处于行业内，但持续性推力的转换能为企业带来跨越式发展。企业仍应采取干预措施，解决该类问题。

2）阶段性推力。阶段性推力是指在行业发展的不同阶段内特有的推动消费者迁徙的因素。在智能家居发展初期阶段，行业发展尚不成熟，这也使行业目前潜藏着许多阶段性推力。本文认为，产品互联互通性是其中最为重要的阶段性推力。由于智能家居行业刚刚起步，各大智能家居企业虽然开发出了类型丰富的智能家居单品。但由于行业缺乏统一的标准与协议，无法大体量整合不同品牌的智能家居产品，形成自有家居生态系统，产品之间也无法实现互联互通。消费者操纵不同的智能家居产品需要通过不同的手机应用软件，便捷性大打折扣。互联互通是开拓市场必由之路，未来随着相应政策出台与行业标准体系建立，产品之间的互联互通问题一定会得到解决。但就现阶段而言，各企业仍普遍存在产品互通性低这一"痛点"。因此，如何把握时机，解决该问题发挥其推力作用，是企业实现快速发展，超人一步的重要突破点。

（2）"破茧"型推力演化方案。针对"茧"型推力，聪普智能打造"破茧"型推力演化方案，在不同阶段制定不同解决措施催化行业潜在推力，最终推动消费者向聪普智能的迁徙（见图12-2）。

在胚胎期，也就是产品的形成阶段，针对阶段性推力，聪普智能主动整

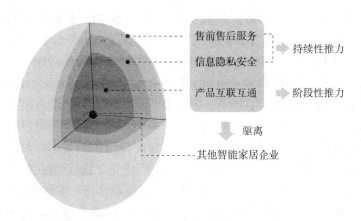

图 12-2　茧型推力模型

资料来源：本文研究整理。

合生态环境，促进产品落地。聪普智能产品采用统一协议与接口，保证其可兼容第三方产品。此外，聪普智能积极对接第三方，并与其达成协议，使第三方设备得以进入聪普智能的家居系统，形成生态系统闭环。因此，聪普智能在为顾客制订个性化智能家居方案时，扩大了设备与产品的可选择性，增加了智能家居方案的落地可能性。当消费者在比较不同企业的产品互联互通性时，发现聪普智能家居系统可兼容设备远多于其他企业时，消费者更倾向于选择聪普智能，此时阶段性推力真正得以发挥。

在成长期，即产品改进阶段，针对持续性推力中的隐私安全推力，聪普智能改变信息存储方式，保障用户隐私安全。聪普智能减少系统对网络的依赖，转云存储为本地存储。对于酒店、公寓这样的应用场景，居住用户的远程控制需求较少，所以可以直接通过智能语音面板在内网中运行，一方面使控制更加稳定，另一方面可以将用户的个人信息全部储存在局域网中，并运用算法进行加密，转云存储为本地存储，避免了用户隐私泄露的问题，解决了市场一大"痛点"。相比之下，大部分智能家居企业采用云端存储，无法有效保障用户隐私安全，存在隐私泄露风险，故而这一措施使重视隐私安全的消费者在消费决策中更倾向于选择聪普智能，此时，隐私安全推力化虚为实，推动消费者向聪普智能迁徙。

在成型期，即产品完善阶段，针对持续性推力中的服务性推力，聪普智能创新售后服务理念，实现产品增值。一方面，在与消费者沟通家装设计过程中，企业会根据用户定制需求，打造个性化家装方案。另一方面，聪普智能的售后服务理念不同于其他公司，聪普智能定义的"售后"覆盖产品研发阶段、生产阶段、销售阶段。大量的措施如产品技术性的测试、产品的检验、物流过程中的保护、对经销商和销售人员的培训等极大地增加了产品的使用年限，改善了产品使用体验，也最大限度地减少了可能会发生的投诉问题。此外，产品交易结束也并不等于客商关系终止。聪普智能的经销商作为其形象代言人，与顾客保持密切的联系，当顾客有售后问题时，可以第一时间与经销商取得联系，经销商给予其指导，必要时也将上门帮客户解决。正是由于其更为优质的售后服务，聪普智能在行业内建立了良好的品牌形象。此时，服务性推力显现，在同类产品中，消费者也更愿意选择聪普智能旗下产品。

聪普智能整合产品发展的三阶段，从产品链的多个节点进行改进，打造"破茧型"推力演化方案（见图12-3）。在产品的形成到完善的这个过程中，聪普智能规避多个现有弊端，此时推力也不断发展增强，最终潜在推力转化为实现企业发展的真正推动力，促使消费者向聪普智能迁徙（见图12-4）。

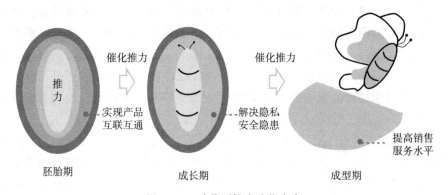

图12-3 破茧型推力演化方案

资料来源：本文研究整理。

图12-4 推力作用机理

资料来源：本文研究整理。

2. "线面体"型拉力作用

聪普智能展开市场调查，充分挖掘到了消费者痛点。在此基础上，聪普智能开拓创新，另辟蹊径，通过开发图形化编程系统、改善系统联网方式以提高系统稳定性、研发专利以实现互联互通等方式拉动消费者向聪普智能迁徙。

本文将聪普智能对消费者的拉动行为归纳为"线、面、体"三个层面，"线"是指聪普智能内部，"面"是指聪普智能与顾客的有机关系，"体"则是指聪普智能与经销商、顾客所构建的立体关系。线面体层层递进，逐渐增强拉力，促使消费者产生迁徙行为。

首先，在"线"这个层面，聪普智能十分注重人才引进与技术开发。聪普智能的最高技术总监周悦虹为阿里巴巴创始人之一，其他技术人员也均有丰富的相关从业经验。聪普智能这支专业化的科研队伍为技术开发与创新奠定了雄厚的人才基础。在周悦虹的带领下，这支队伍专注研发，截至目前，已获取了30余项专利，其中最引人注目的当属行业首套图形化编程系统以及首款智能语音面板。该系统由该团队花费一年半独立设计打造，拥有一套核心算法，通过强大的编程系统功能，有机结合硬件与软件系统实现复杂场景的控制。该套系统操作简便，技术人员可以快速上手。

其次，在"面"这个层面，聪普智能高度重视消费者需求，在个性化定制、系统稳定性以及用户体验等方面下足了功夫。聪普智能通过图形化编程系统的运作，在满足消费者精细化定制需求方面做到极致。小到灯光的开关时间、亮度，投影仪的音量，电视的频道调节，大到私人别墅的地暖、影音设备的控制，都能设定更加详细的运行模式。此外，该套图形化编程系统还能满足用户的个性化定制需求，顾客需在整套智能家居方案中加入的系统，实现的功能以及控制的效果均可通过图形化编程系统实现。

聪普智能运用"有线+无线"组合传输方式，保证系统稳定性。为保证别墅等大户型智能家居系统的稳定性，行业通常会选择有线的方式。然而有线系统的安装便捷性往往受到家庭环境的影响，造价较高，售后维护也较为复杂。同时，由于其控制线路难以二次铺造，有线方式仅能在首次家装时使用，无法满足用户后续安装需求。此外，无线系统因受到传输距离和家庭结构影响，无法达到有线家居系统的控制范围，智能控制系统也较为单一。综合上述两种模式的优点，聪普智能独出心裁地创造出"有线+无线"模式，将两者紧密结合起来，有效降低对网络的依赖，满足消费者后续安装需求。有线是无线的基础，无线是有线的延伸，两者优势互补，不断提升智能家居系统的安装便捷性与系统安全稳定性，在完美解决了跨楼层之间信号传输稳定性的同时，也实现了全宅 Wi-Fi 的覆盖，满足用户多样化的智能场景需求。

同时，聪普智能将用户体验作为巩固消费者人群的重要一环，从产品的智能性入手，大大优化了用户体验。经过长期的技术研发和产品配置调试，聪普智能产品具备微波感应、语音控制、远程控制、一键场景和模糊控制等功能，可以实现不同场景下的各类控制，提升用户体验；同时，系统可以自主分析用户的日常生活习惯和个人风格喜好，并根据结果设置不同的场景模式，实现模式与用户私人行为方式的高度契合与匹配。高智能的产品带给用户高质量的使用体验，以人为本的设计理念也在这一过程中展现得淋漓尽致。

聪普智能开拓创新，成为行业的领头羊，释放企业满足消费者需求的信号，产生了对顾客的拉力，刺激消费者向迁徙聪普智能。接收到这个信号，顾客就会开始接触聪普智能的产品。当顾客发现聪普智能产品更能满足其需求时，就会增强消费意愿，产生迁徙意向，最终通过购买行为实现到聪普智能的迁徙。

最后，在"体"这个层面，聪普智能与经销商、顾客构建了立体化的合作关系，使三者共处于一个有机体中，产生共创价值。

聪普智能通过开发图形化编程系统、改善系统联网方式等措施，解决了智能家居行业无法满足消费者个性化定制需求以及隐私泄露这两个主要痛点，让经销商看到了聪普智能产品的闪光点，使经销商主动找其建立合作关系。

聪普智能与经销商建立了全方位的合作关系之后，除了会在聪普学院给予相应的培训指导，还为经销商提供展厅，让经销商可以自主设计包装聪普智能的产品并进行展示。此时，顾客在展厅近距离看到了聪普智能的产品优势，主动接触经销商，进而形成了三者之间的拉力链条。

"线、面、体"构成了完整的拉力作用路径，层层深入，最终抵达消费者的内心。聪普智能凭借多维度的自身优势增强了对消费者的拉力，促使其迁徙至聪普智能（见图 12-5）。

3. "PPT"型锚定突破

锚定力是阻碍消费者迁徙的因素。在智能家居行业，聪普智能发现三个阻碍消费者向其迁徙的锚定力影响因素：消费观念、消费能力以及行业产品质量。本文发现，聪普智能根据其影响时间顺序，针对消费观念（Perception）、消费能力（Power）以及消费对象（Target）三大影响因素，形成

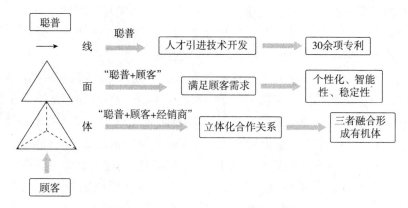

图 12-5　"线面体"型拉力作用演示

资料来源：本文研究整理。

"PPT 型"锚定突破方案，分阶段缓解"观念之锚""行动之锚"以及"场域之锚"的阻碍作用（见图 12-6）。

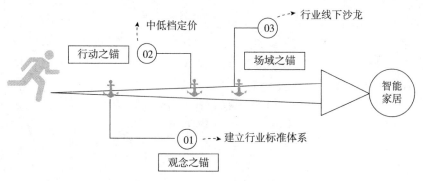

图 12-6　"PPT"锚定突破演示

资料来源：本文研究整理。

（1）观念"P"解决方案。当前，由于智能家居行业仍处于发展初期，大部分消费者缺乏对智能家居的全面认知。该类消费者普遍认为家居只需满足基本生活需求，而不重视智能家居的便利性。这种"能用即可"的消费观念，在消费者选择是否购买智能家居产品的阶段产生锚定力作用，阻碍消费者从传统家居向智能家居行业迁徙，故称"观念之锚"。

针对这一问题，聪普智能通过线下沙龙等多种宣传方式，向消费者普及智能家居行业相关知识，改变了消费者对家居用途的看法，从而削弱当前消费观念的阻碍作用。此外，由于智能家居行业常通过熟人转介绍方式扩大顾客群规模，聪普智能生产的优质产品在扩大自身消费者数量的同时，也促使原消费者向其亲人朋友普及智能家居相关知识，推荐聪普智能，从而进一步推动消费者由传统智能家居企业向聪普智能迁徙。

（2）行动"P"解决方案。在消费者产生智能家居产品购买意愿后，可能面临其消费能力与智能家居产品价格的匹配问题。因智能家居产品价格过高而产生的相对"低消费能力"在购买阶段阻碍了部分消费者的购买行为。当前，智能家居行业中一套全屋智能家居系统平均价格在 3 万~5 万元，过高的价格使智能家居目标消费者仅限于对新兴事物感兴趣的高收入、高文化群体，部分青年消费群体却因经济原因无法承担整套智能家居系统而产生了"心有余而力不足"的消费现象，最终仅能选择购买智能家居单品（如智能音箱）。因此，解决行业普遍存在的定价虚高问题，降低智能家居消费价格限制极为必要。

针对该现象，聪普智能制定合理的全屋智能家居价格，给出中价高质的解决方案，以高性价比削弱"行动之锚"的阻碍作用。在保证公司盈利的合理范围内，聪普智能旗下优质产品的中低档定价减轻了消费群体的经济负担，在增加原有可承担智能家居系统消费群体的购买意愿的同时，缓解部分消费群体因消费能力不足而无法购买全屋智能系统的问题，实现消费者由传统家居向聪普智能的迁徙（见图 12-7）。

顶配型20万~100万元

适用类型：平层豪宅、别墅、
　　　　　豪华酒店、VIP会所
系统功能：别墅对讲、豪华智能门锁、
　　　　　智能车库、智能安防（有线）、
　　　　　智能照明（有线）、智能窗帘等

豪华型5万~20万元

适用类型：平层豪宅、公寓、办公室、会议室
系统功能：豪华智能门锁、智能安防（有线）、
　　　　　智能照明（有线）、智能窗帘、
　　　　　智能家电控制、智能影音（有线）等

舒适型2万~5万元

适用类型：平层豪宅、公寓、办公室、会议室
系统功能：智能门锁、智能安防（有线）、
　　　　　智能照明（有线）、智能窗帘、
　　　　　智能家电控制（无线）、智能影音（无线）等

消费者

图 12-7　不同档位智能家居价格

资料来源：本文调研计算所得。

（3）场域"T"解决方案。在减轻因高价产生的"低消费能力"问题后，消费群体仍面临产品选择问题。当前，智能家居行业尚未制定全面的产品标准且缺乏行业规制。虽然大部分商家致力于研发高新技术产品，但也存在部分商家利用行业漏洞生产"伪智能"产品的现象，而参差不齐的产品质量使部分消费者遭受质量欺骗，加剧了消费者信任问题。在未来可以承担得起产品价格的情况下，仍会怀疑产品是否"图实相符"，在无法确保质量可靠前不敢轻易选择购买。因此，行业内产品对象的质量问题形成了"场域之锚"，对智能家居行业产生无法衡量的消极影响，严重阻碍消费者在使用阶段从传统家居向智能家居转移。

积极配合政府，参与建立行业统一质量标准体系正是聪普智能针对这一问题做出的不懈努力（见图12-8）。行业规范的制定有助于减少行业产品质量问题，避免行业乱象，推动智能家居行业的良性发展。同时，身为行业标准制定者之一，聪普智能以身作则，其合规的产品质量也进一步保证了消费者对行业、对聪普智能的信任。总之，该方式消除了顾客由传统家居向智能家居迁徙的最终障碍，也成为帮助聪普智能智发挥其他方面推拉力作用的基石之一。

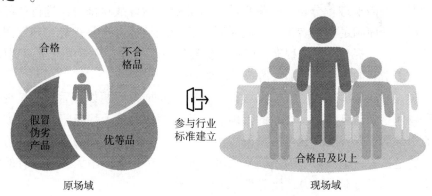

图 12-8 场域变化

资料来源：本文研究整理。

4. "三力合一"助力顾客迁徙

根据以上三力作用机理分析，可以得出以下推拉理论模型在本案例中的理论模型。如图12-9所示，创新售后服务理念、转云存储为本地存储、建立生态系统闭环是消费者迁徙的推动力，人才引进、技术开发、立体化合作关系是顾客迁徙的拉动力，消费观念、消费能力、行业产品质量是阻碍顾客从传统行业向聪普智能迁徙的锚定力。

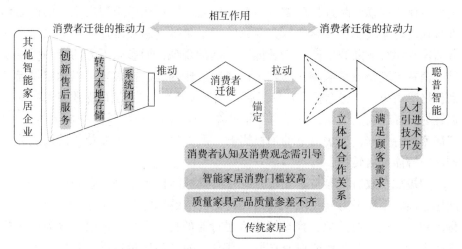

图 12-9 推拉理论在本案例分析中的应用模型

资料来源：本文研究整理。

聪普智能根据智能家居行业发展现状，展望智能家居行业未来发展趋势，对消费者的需求进行分析，挖掘出消费者痛点，做好战略部署，进行产品研发升级，全面满足消费者需求。同时聪普智能继续提升自身优势，开发图形化编程系统，提高精细化程度，使服务更便捷、更有效，从而由点至面到体，增强对消费者的吸引力，加大消费者迁徙的拉力。

聪普智能分析发现，智能家居行业存在长期推力问题如售后服务，现阶段存在问题如信息安全、产品的落地。这两种性质的推力均隐藏在智能家居行业中。而聪普智能将其作为发展着落点，有针对性地对产品及服务进行改进，通过扩大与竞争对手的差异来显示自身的优势，从而增大对消费者的吸引力，发挥了行业推动力，使消费者向其迁徙。

针对消费者本身对智能家居的片面看法，聪普智能也做了很多努力，以减少中间锚定力所产生的阻力对消费者迁徙的影响。聪普智能通过开展线下沙龙、合理制定价格以及参与行业标准体系制定等方式，改变顾客消费观念，缓解智能家居产品价格过高以及质量参差不齐的问题，削弱了"场域之锚""观念之锚"以及"行动之锚"的影响，在实现消费者向聪普智能迁徙的同时，推动行业良性发展。

综上所述，一方面，聪普智能在扩大自身吸引力，拉动消费者的同时发挥行业推力，解决消费者"痛点"，使消费者由其他智能家居企业向聪普智能转移；另一方面，针对锚定力，聪普智能不断削弱阻碍迁徙因素的影响，实现消费者从传统家居企业向聪普智能迁徙。融合推力、拉力、锚定力，聪普智能借助三力相互作用，开创了个性化智能家居发展之路，实现了从传统家居行业到智能家居行业，从其他智能家居企业到聪普智能的消费者迁徙。

四、PPM 模型下的价值共创效应

"企业+经销商+顾客"三位一体效应。根据推力、拉力、锚定力这三个力的联动，团队概括出推拉理论模型在聪普智能所处动态环境中的应用方法，团队基于问卷数据和 PPM 模型对价值共创效应进行分析评价，以揭示企业、经销商、顾客三者之间的关系与作用。

问卷调查数据显示顾客在转移意愿方面的确受到推拉理论的影响，其中推力和拉力的正向影响作用较大并且推力尤为突出；同时，锚定力对转移意愿起负向作用且影响较大。聪普智能采取以下一系列措施，通过实现价值共创的方式，增强推力和拉力的作用，削弱锚定力的影响，带动消费者迁徙。

（1）价值共创增大推力。一方面，数据分析显示智能家居企业的售后回访仍然存在一定问题。为了提升用户体验，优化售前售后服务，聪普智能从经销商入手，与经销商建立"合伙人"关系以及"一对一"帮扶制度，开设聪普学院定期给经销商进行技术培训和指导，尽可能满足经销商的需求，带动经销商发展。经销商对产品深刻细致的了解与掌握是其为顾客提供优质方案、减少售后问题的前提。在售后环节中，聪普智能为经销商提供技术、人员、策略支持，经销商则代表聪普智能为顾客提供优质的售后服务，并且直接获取客户的问题反馈和建议，再将信息传递给聪普智能，助力产品改良升级。上述措施无疑形成了聪普智能—经销商—顾客三者之间的向下链条。在聪普智能与经销商相辅相成的价值共创下，带动双方向更好的方向发展，增加推力对顾客的作用，让消费者迁徙至聪普智能。另一方面，数据分析显示顾客虽然对产品整体的满意度相对较高但对信息系统的安全性仍存在担忧。聪普智能将顾客的想法融入产品设计中，与消费者实现价值共创，自主研发智能语音面板等产品，采用了"有线+无线"的运行模式，构建局域网，并利用内网实现对整套智能家居系统的控制，形成生态闭环；变云存储为本地存储，降低了用户信息泄露的可能性，切实保障了用户的隐私安全。

本文选取了部分聪普智能的用户进行访谈，发现其用户多为对智能家居相对了解且相对注重生活品质的中高收入群体。且多数都持有"聪普智能在行业中名列前茅，其产品具有较高可信度""聪普智能的产品是很好用的，给生活带来了很多便利，具有便捷、稳定、安全这些特点""产品的外观也十分新颖、时尚""聪普智能的产品在行业内是独一无二的，就拿语音智能面板来说，是行业首创的，无论是本地语音的安全性还是面板外观，都有很多创意在里面"等观点。由此可见，聪普智能的种种措施让顾客看到了聪普智能的产品优势，满足了顾客的心理预期，增大了顾客选择聪普智能的可能性，推动客户迁徙。

（2）价值共创强化拉力。聪普智能产品采用有线与无线机动联网的多元联网方式，有效地避免了单一联网方式情况下的断网情况，提高了系统稳定性。而问卷数据说明相较于系统的稳定性，顾客对智能家居的智能性以及产品更新迭代的速度提出了更高的要求，这要求生产商保持技术的优越性，实时更新产品。聪普智能抓住这一点，注重人才引进和技术创新，自主开发图形化编程系统助力经销商为顾客搭建个性化定制方案；自主研发智能语音面板、智能照明、影音控制系统等，致力于新产品的研究和开发；半个月就根据顾客和经销商的反馈更新 APP。这让经销商和顾客都看到了聪普智能产品的闪光点，使经销商主动找其建立合作关系。截至目前，聪普智能在全国已拥有 200 多家经销商。

综上所述，顾客—经销商—聪普智能这三者之间的相互吸引形成了向上的链条。聪普智能抓住消费者痛点，改善自身产品，优化使用体验，与经销商和顾客共创价值，形成拉动消费者迁徙的强大拉力，在得到顾客肯定的同时，也让顾客主动将产品推荐给他人，为聪普智能进行宣传。

（3）价值共创削弱锚定力。过去的传统家居市场不能完全满足消费者需求，因此，新兴的智能家居市场不断走进大众视野。但是问卷数据显示有大量消费者对智能家居这一概念还模糊不清，并且消费者普遍认为智能家居的门槛比较高，不是一般消费能力可以承担的，同时智能家居市场中产品质量参差不齐，存在许多劣质产品，正是这些不利因素影响了消费者的转移行为，这也对生产商的产品质量把控提出了更高的要求，对消费者观念的转变和智能家居概念的普及也有一定要求。

聪普智能不定期开展线下沙龙，让消费者了解和体验智能家居，普及推广先进的智能家居理念。聪普智能还为经销商提供产品演示展厅，帮助其扩大知名度，吸引顾客，经销商再对聪普智能的产品进行包装、展示、营销，将产品推至顾客，全方位刺激顾客的消费欲望，促使消费者自发地搜索智能家居行业的相关信息，从而增加消费行为、消费方式和消费习惯改变的可能性，削弱锚定因素对顾客迁徙的影响。该举措取得极大成效，使聪普的销售额呈现快速增长的态势。在 2019 年，聪普已经取得了 4000 万元的销售额。

综合以上三方面，聪普智能、经销商、顾客这三者的利益被紧紧捆绑在一起，形成"一荣俱荣、一损俱损"的利益共同体（见图 12-10）：聪普智能致力于开发更加优质的智能家居产品，以满足消费者日益增长的产品需求；经销商成为聪普智能和顾客之间的沟通桥梁，向上反馈消费者建议，促进产品革新，向下跟进消费者售后服务，维护品牌形象；消费者在使用产品的过程中不断提出改进意见，使聪普智能产品向更好的方向发展。在这个体系中，经销商与聪普智能建立了全面、立体、有深度的合作关系，一起为顾客提供满意的服务。聪普智能提供框架性方案和平台范本，经销商又结合顾客需求去设计定制，此时顾客处于整套体系的中心，受到最安全的保护。聪普智能产品成为生产商、经销商、顾客集体智慧的结晶，互惠互利，产出共创的价值，共同促成顾客迁徙。

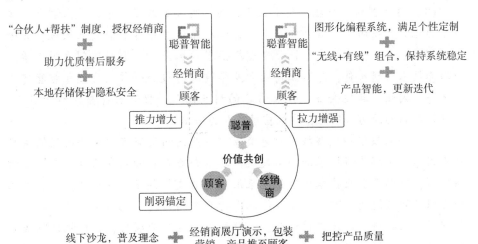

图 12-10　推拉理论下的价值共创效应

资料来源：本文研究整理。

资料来源

［1］刘立，孙盼盼，雷晶．消费者离线到在线渠道迁徙驱动因素实证研究［J］.南京邮电大学学报（社会科学版），2014，16（3）：40-47.

［2］程锋，庄文英．智能化、平台化、生态化实现智能家居创新与发展［J］.通信企业管理，2018（3）.

［3］于斌斌．区域一体化、集群效应与高端人才集聚——基于推拉理论扩展的视角［J］.经济体制改革，2012（6）：16-20.

［4］涂红伟．消费者渠道迁徙行为影响因素的研究：基于体验学习理论［D］.厦门大学，2012.

［5］李丽娟．旅游体验价值共创研究［M］.北京：旅游教育出版社，2013.

 经验借鉴

本案例以聪普智能为例，对行业以及竞争者进行了充分的分析，捕捉到了消费者"痛点"，为中小型智能家居企业的发展提供了范本。

（1）技术创新为个性化定制保驾护航。聪普智能高度重视技术创新，建立了自己的科研团队，首创行业图形化编程系统与语音智能交互面板，并争相取得技术专利，为深度个性化定制提供了技术保障。同时还创办聪普学院以培养技术科研人员，与浙江商业职业学院进行校企合作，为聪普智能建立人才库。因此，其他企业应建立自己的科研团队，提升自身整体科研水平，不断注入新的活力。同时，应注重对新人的培养。

（2）行业交流以实现技术信息交互。行业内的交流可以为公司提供实时业内信息，了解最新技术动向与发展、其他企业产品的研发状况、专利申请情况等，有助于企业获取已有经验来解决自身发展问题，如技术创新、产品研发以及战略规划制定。聪普智能注重行业内的信息交流与交互，加入了智能家居产业联盟、建筑工程协会、九鼎智能影音行业联盟，自创杭州聪普智能技术知识论坛，以掌握实时业内信息，助于战略、技术规划制定。同时与其他企业进行分享交流，展示聪普智能新研发单品，以打响聪普智能品牌，扩大品牌知名度。

（3）高度重视隐私安全获取用户信任。聪普智能将有线与无线结合，形成生态系统闭环，将信息存储在局域网中，而不再传至云端，充分保障了顾客的隐私安全，消除用户的后顾之忧。智能家居企业应当高度重视用户隐私安全，探讨出实用、可靠的存储方式，一方面能提高数据安全性，另一方面又不影响后续补充安装，为用户的隐私提供安全屏障。

（4）建立高效反馈机制及时完善不足。聪普智能建立了"用户—经销商—企业"的反馈机制，所有的信息都是双向的，用户会反馈一些关于产品与系统的使用情况、改进的意见建议给经销商，聪普智能再通过巡展、会议、培训等对用户所反馈的信息进行收集。聪普智能再进行回应，改进缺陷、完善不足，例如给出新产品、完善系统等，并将反馈信息通过该链条传至用户，提高用户的满意度，增强顾客黏性。

本篇启发思考题

1. 企业应如何敏锐捕捉新兴行业领域的发展"痛点"？
2. 中小企业应如何在快速的技术与市场变革中，探索出自身创新利基战略？
3. 推拉模型在中小企业的新产品发展中有何借鉴作用？
4. 聪普智能家居企业三者联动的经营管理模式对其他企业的转型升级有何借鉴作用？
5. 企业应如何构建价值共创体系实现可持续发展？

结论篇
新时代浙商转型和营销升级经验与启示

改革开放之初，为了实现脱贫致富的目标，浙江人以历经千辛万苦、说尽千言万语、走遍千山万水、想尽千方百计的"四千精神"闯出一片天，作为民营经济大省的浙江，也在这番精神的引领下，经济持续发展，步入全国先进行列。

民营经济兴则浙江兴，民营经济强则浙江强。站在新的历史起点，广大浙商大力弘扬新时代浙商精神，弘扬坚忍不拔的创业精神，敢为人先的创新精神，兴业报国的担当精神，开放大气的合作精神，诚信守法的法治精神和追求卓越的奋斗精神。

1. 做好企业文化顶层设计，树立转型升级战略理念

"'沥'足脚下，筑路未来：磁力法则吸引下的联程绿色管理"5R"模式"总结了浙江联程建设有限公司构建绿色管理"5R"模型，通过加强企业文化建设和生产价值链绿色管理，成为诸暨同行业唯一存活下来的沥青砼生产企业，并一举在该行业中成为全省道路建设模范企业。"东方鞋履化蛹成蝶蜕变记：基于 RCSP 范式的传统企业转型路径"从"资源—能力—行业内地位—产业定位"的逻辑线索，系统剖析了红蜻蜓公司在文化、组织、技术、机制方面的四轮驱动创新，从老字号品牌成长为国际中高端鞋服品牌的历程。

两个案例的共通之处，反映了新时代浙商以企业文化为顶层设计，从根部提升企业竞争力，通过文化之轮的力量激发消费者的情感共鸣和信赖，树立企业积极昂扬的价值观，营造企业浓厚的文化氛围，树立做百年企业的梦想，争创一流企业、一流管理、一流产品、一流服务和一流文化，勇当新时代中国特色社会主义市场经济的弄潮儿，勇当新发展理念的探索者、转型升级的引领者。

2. 关注消费升级市场变化，切入市场细分渠道赋能

"雨洗风磨真自如，夹缝中的逆生长：杭州自如'互联网+长租公寓'发

展新模式"分析了自如企业在"租金贷""抬高房价""甲醛风波"等行业动荡环境下"困局和破局"的矛盾与突围，为整个长租行业开辟了一条互联网发展的新道路。"数字时代众泰汽车体验营销"研究众泰 T600 体验营销组合策略，分析众泰场景营销与数媒营销耦合发展的关键点。

消费升级背后市场细分越来越明显，个性化、多样化消费，会成为当前消费增长主流。浙商们从渠道出发，线上、线下融合发展，线上对线下赋能，线下企业不断拥有互联网技术，围绕消费者需求开展商业业态和服务创新，从而使渠道与以往相比变得更新、更柔性，体验更好。过程中也包含着新时代浙商们一股逢山开路、遇水架桥的闯劲，滴水穿石、绳锯木断的韧劲，锲而不舍、百折不挠的干劲。

3. 注重科技创新研发投入，提升高效的市场竞争力

"嘘！听数据怎么说：基于金融大数据分析技术的电商金融生态圈构建"以杭州市云算信达数据技术有限公司为研究对象，深度分析基于大数据和"互联网+"时代背景的第三方金融服务公司，如何通过模型建立技术分析，并服务于解决电商贷款的难题。"量身定制，天衣无缝：推拉理论下的个性化智能家居之路"描绘出消费者、经销商、聪普智能三者之间的价值共创体系，最后点出以信息安全性和个性化定制为指导方向的发展之路是一条可持续发展之路。

创新是引领发展的第一动力，对新时代浙商而言亦是如此。一直以来，浙商敢闯敢试、敢为人先，具有强烈的创新意识，在改革开放中领全国风气之先。浙商企业，无论规模大小，行业异同，始终保持敏锐的市场观察力，注重科技、注重研发、注重创新。

4. 提升产品价值服务体验，节约资源拓展价值来源

"根于品质，源于自然：守农公司'三元'共生模式"运用"三元"共生理论探索农产品服务业新创企业在当前以及未来经济下如何减少资源瓶颈、应对市场需求的过程与发展。"云端上的价值蜕变：畲森山的华丽转型和商业模式创新"案例着重分析了丽水一山公司的依托丽水优良的生态环境与资源优势，通过"两次转型，三种模式"从一个单一的蔬菜运输配送公司转型为综合新型农业产业公司，逐步实现"云端上"的价值蜕变。

两个案例的共通之处，反映了现代农业浙商们将原生态产地、高品质产品、源自然情怀相结合，通过轻资产的运营方式，与合作伙伴、消费者互惠共生，在生命周期不同阶段，由小做大，由浅入深建立共生体系，逐步将产

业上游供应商、下游物流运营商、高端客户群纳入企业共生系统，形成长期稳定的利益共生联盟，能够使新创企业有效突破资源限制，领先同行竞争者，迅速地占据市场。

5. 坚持品牌互补联合共赢，构建全面开放合作模式

"五芳斋与迪士尼跨界联合：老字号品牌活化新路径的探究"全方位地考察"五芳斋"与迪士尼品牌联合案例，探讨了如何通过品牌联合来推动老字号品牌活化的机理、模式与绩效。"新型社交跨境美食平台：'环球捕手'的生态圈构建研究"致力于打造以美食为主的全球化生活体验平台，构建了基于会员制度的社交电商模式。

融入了开放基因的浙商，在面临着来自四面八方机遇和挑战的时候，凭借干在实处、走在前列、勇立潮头的精气神，全面开放、合作共赢。中华老字号品牌面临老化困局，通过品牌联合—品牌活化的作用机理，降低进入年轻消费群体的难度，有效地活化品牌。

6. 通过商业模式普惠创新，实现社会效益长远发展

"就医不难，健康有道：解读微医'云+四医联动'新模式"阐述了浙江微医集团有限公司充分利用互联网、大数据、人工智能等云技术，进行"医疗、医药、医保和医教"四联动，创造国际领先的互联网医疗平台。"科技赋能，普惠四方：金融科技助推'铜板街'高速发展"以杭州铜板街网络科技有限公司为例，深入分析这家以"互联网+"为推动力的企业是如何利用新兴信息技术，打造完善风控体系并实现金融服务创新，更好地解决小微企业贷款难等问题，从而服务实体经济，实现普惠金融。

两个案例的共通之处，反映了新时代浙商们把追求企业经济效益与实现社会效益结合起来，把追求经济利益与遵守现代市场经济发展结合起来，把遵循市场规律与发扬社会主义道德结合起来。

通过一个个浙江省大学生经济管理案例竞赛获奖文本，用学生的脚步亲身深入企业调研、用学生的视野亲眼分析企业现状、用学生的观点亲自凝练管理特色、用学生的笔触亲笔撰写管理启示，"以赛促教、以赛促学、学赛结合"，将对传承新时代浙商精神，引领企业发展和助推中国和浙江的经济高质量发展起到重要作用。新时代浙商不忘初心，牢记使命，凝聚力量，打响品牌，展现形象，突出做"强"，突出高质量发展和国际竞争力，在振兴实业、发展新经济、打造现代化经济体系上更加积极有为，奋力实现新飞跃。